U0960785

普通高等教育“十一五”国家级规划教材
21世纪高等职业教育规划教材

基　础　统　计

（第3版）

主　编　张　伟
副主编　马　杰　袁淑清
审　稿　张萌物

中国财政经济出版社

图书在版编目（CIP）数据

基础统计/张伟主编．—3 版．—北京：中国财政经济出版社，2012.7
普通高等教育“十一五”国家级规划教材　21 世纪高等职业教育规划教材
ISBN 987 - 7 - 5095 - 3735 - 0

Ⅰ.①基…　Ⅱ.①张…　Ⅲ.①统计学 - 高等职业教育 - 教材　Ⅳ.①C8

中国版本图书馆 CIP 数据核字（2012）第 130129 号

责任编辑：王　芳　　　　责任校对：徐艳丽
封面设计：陈宇琰　　　　版式设计：董生平

中国财政经济出版社 出版
URL：http：//www.cfeph.cn
E - mail：jiaoyu@cfeph.cn
（版权所有　翻印必究）
社址：北京市海淀区阜成路甲 28 号　邮政编码：100142
营销中心电话：88190406　北京财经书店电话：64033436　84041336
北京财经印刷厂印刷　各地新华书店经销
787×1092 毫米　16 开　11.5 印张　270 000 字
2013 年 5 月第 3 版　2013 年 5 月北京第 1 次印刷
定价：19.00 元
ISBN 978 - 7 - 5095 - 3735 - 0/C · 0026
（图书出现印装问题，本社负责调换）
本社质量投诉电话：010 - 88190744
反盗版举报热线:88190492、88190446

出 版 说 明

为进一步贯彻落实《国家中长期教育改革和发展规划纲要（2010—2020年）》和《教育部关于推进高等职业教育改革创新 引领职业教育科学发展的若干意见》〔教职成（2011）12号〕的精神，适应高等职业教育发展的新趋势，满足高等职业院校专业教学的实际需要，我们对我社出版的21世纪高等职业教育规划教材进行了第3次修订。本次修订的系列教材涵盖了高等职业教育教学中所需的财经类专业教材，从2012年秋季开学起，这些教材将陆续出版，以供各高等职业院校财经类专业教学使用。

本次教材的修订充分体现了高等职业教育"以服务为宗旨，以就业为导向"的办学理念，在教材内容的设计上较好地贯彻了"以综合素质培养为基础，以能力培养为主线"的指导思想。新修订的教材全面贯彻素质教育思想，从社会经济发展对技术应用型人才的需求出发，在内容的构建上结合专业岗位（群）对职业能力的需要来确定教材的知识点、技能点和素质要求点，并注重新知识、新技术、新工艺、新方法的应用，注重对学生的实际岗位工作能力的培养。在本次教材的修订过程中，我们也对与高等职业教育的"工学结合、校企合作、顶岗实习"人才培养模式方面有关的内容做了一些新的尝试，以适应高等职业教育教学改革，满足各类高等职业院校的教学需要。在此，我们真诚地希望各位老师在教材的使用过程中，及时提出意见和建议，使之不断完善和提高。

中国财政经济出版社

2012年6月

第 3 版 前 言

本书在普通高等教育"十一五"国家级规划教材、21 世纪高等职业教育规划教材《基础统计》（第 2 版）的基础上修订而成。

基础统计是研究统计资料的搜集、整理和分析的一般原理和方法的科学。作为一门方法论科学，统计学有着广泛的适用性，除了为我们学习有关专业课程和从事经济研究提供数量分析的方法外，还是各级领导、学者和企业家进行决策、开展研究及执业的工具。因此，统计学现已成为财经类各专业的核心课程之一。本教材在具体内容设计上，按照统计工作的过程，围绕统计方法分别介绍统计资料的搜集方法、整理方法以及各种分析方法，使学生掌握必备的统计资料的搜集、整理及量化分析的基本方法和基本技能，以提高学生的定量分析能力。

本教材有以下基本特点：

1. 体现了教育部对高职教学改革的总体精神要求。教材按"以养成学生职业能力为本位和以学生就业目标为导向的新理念"要求而编写。

2. 体现高等职业技术教育特点。按照"理论知识够用，实践技能扎实"的原则要求设计教材内容结构，突出实践技能教学内容。"基础统计"是一门方法论课程，在教材内容安排上，尽量减少或杜绝冗长的理论说明，在理论表述不影响问题说明完整性的前提下，着重阐述统计方法的具体应用，以达到能力培养的目的。

3. 利于教师教学操作。本教材是在多位长期处于统计教学一线教师教案的基础上浓缩编写而成的，按"概念准确、层次分明、重点突出、简明扼要、深入浅出、通俗易懂、内容具体、演练细致"的要求而编写。每章课前列有"学习目标"，课后有"本章知识架构"、"复习思考题"和"案例分析"，课内穿插有"课堂练习与活动"，同时还配套有《基础统计学习指导与练习》、基础统计电子教案和基础统计教学参考等配套教材和教学资料，为学好基础统计提供了辅佐、指导和帮助，有利于提高教学效果。

4. 体现课程教学的前瞻性。本教材除将统计资料更新外，还尽量将学科发展的新成果体现了出来。

5. 教材使用具有一定的灵活性。考虑到各学校的具体情况，将目录中带*号的章节作为选学内容，能适应不同层次学生使用。

本教材由张伟任主编，马杰和袁淑清任副主编，各章执笔人是：张伟（陕西财经职业技术学院教授）编写第一、五、十章和附录，汤大益（安徽工业职业技术学院副教授）编写第二章，马杰（郑州航院信息统计职业学院高级讲师）编写第三章，袁淑清（常州纺织服装职业技术学院教授）编写第四章，张旭（许昌职业技术学院副教授）编写第六、七章，高凯萍（山西省财政税务专科学校副教授）编写第八、九章。本书由张伟设计编写方案、拟定编写大纲、对全书进行了修改和总纂。本次再版由张伟负责修订工作。

本书在编写过程中，得到了中国财政经济出版社有关领导和编辑同志的精心组织以及编者所在学校的大力支持，在此我们表示衷心的感谢。

由于编者水平有限，加之统计课程本身也在不断改革和发展，书中难免有错漏之处，敬请读者提出宝贵意见，以便我们进一步修改和完善。

编　者

2013年5月

目 录

第一章

绪　　论

统计是认识社会、认识自然的有力武器。

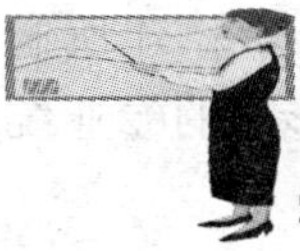

学习目标

本章是全书的开篇章，对统计总括情况进行介绍。通过本章内容的学习，要求认识统计研究的对象和特点；明确统计的含义和职能；熟悉统计工作的环节及研究方法；理解并会在具体案例中运用统计学中的基本概念，为以后各章学习奠定基础。

随着新经济时代的到来，人类已步入信息社会，人们无时无刻不生活在信息的海洋里。作为既是信息资源又是信息深加工技术的统计学，被广泛运用于社会、科技和国民经济的各个部门、各个行业，因此，在我们的日常生活、经济工作和科学研究中经常会出现“统计”一词。掌握一些实用的统计知识，无论是对学习、研究还是对我们的日常生活都具有非常重要的意义。

第一节　统计概述

一、统计的含义

“统计”一词起源已久，其含义在历史上也不断地演变。而现实生活中，统计有三种含义，即统计资料、统计工作和统计科学。

统计资料即统计信息，是反映一定社会经济及自然现象特征或规律的各项数字资料以及与之相联系的其他资料的总称。其表现形式有统计表、统计图、统计年鉴、统计公报、统计报告及其他有关统计数字信息的载体等。例如，国家统计局每年发布的统计公报中的有关农业、工业和建筑业、固定资产投资、国内贸易、对外经济、交通、邮电和旅游、金融、证券和保险、教育和科学技术、文化、卫生和体育、环境保护、人民生活和保障等方面的各种具体数字资料，都是反映我国国民经济和社会发展情况的统计资料。

统计工作即统计实践，是对社会经济及自然现象客观存在的现实数量方面进行搜集、整理和分析的活动过程。包括统计设计、统计调查、统计整理和统计分析四个工作过程。它是随着人类社会经济的发展，随着治国和管理的需要而产生和发展起来的，至今已有四五千年的历史。例如，各级统计部门收集农业、工业和建筑业、交通运输、进出口贸易、科教卫生、人民生活等方面的数字资料，并采用科学的方法进行汇总整理，开展统计分析，以研究经济发展的本质和规律等活动就属于统计工作。

统计学即统计理论，是关于认识社会经济及自然现象总体数量特征和数量关系的科学。它系统地论述了统计工作的理论和方法，是长期统计工作实践的总结和理论概括，至今有三百多年的历史。统计学的应用现已渗透到社会科学和自然科学的各个领域，已形成比较完整的学科体系，主要有统计学原理、部门（专业）统计学、统计史等。其中统计学原理所阐述的是统计学的基本理论和方法，部门统计学是统计学原理结合各部门的实际形成的专业统计学，统计史是研究统计实践和统计学产生和发展历史的学科。

可见，统计一词的三种含义是紧密联系的，统计资料是统计工作的成果，统计工作与统计学之间是实践与理论的关系。

本教材将侧重于社会经济现象，阐述统计的基本理论与方法。

二、统计学的研究对象

统计学的研究范围很广，包括自然现象和社会经济现象。研究自然现象的统计，称为科学技术统计，如医学统计、地质统计、物理统计等等；研究社会经济现象的统计，称为社会经济统计，如工业统计、农业统计、商业统计、建筑业统计、财政金融统计、交通运输统计、劳动工资统计、文教卫生统计、司法统计、人民生活统计等等。

社会经济统计学的研究对象是社会经济现象总体的数量方面。即通过社会经济现象的规模、水平、结构、速度、比例关系、普遍程度等等数量特征和数量关系，来反映社会经济现象的本质和规律性。由于统计工作与统计学是实践与理论的关系，所以两者的研究对象是一致的。

社会经济统计学的研究对象必须具有以下特点：

（一）数量性

数量性是指统计的研究对象是社会经济现象的数量方面，其数量方面主要包括三层含义：一是事物数量的多少（规模、水平），例如，2011 年我国国内生产总值 471564 亿元，全社会固定资产投资 311022 亿元，全年进出口总额达 36421 亿美元，年末人口 134735 万人；二是各种事物之间的数量关系（结构、速度、比例、密度等），例如，2011 年我国人均粮食产量 423.95 千克/人，人口自然增长率为 4.79‰；三是事物质与量互变的数量界限（即决定事物质量的数量界限），例如，平均工资的增长速度一般要低于劳动生产率的增长速度，因此，一定时期的年平均工资水平要有一个限度，超出了这个限度，不利于积累和扩大再生产，过低则不利于调动职工的积极性，会影响到生产和工作。社会经济统计就是通过对事物量的研究来描述和分析社会经济现象的数量表现、数量关系和数量变化，以揭示事物本质，反映事物发展的规律，推断事物发展的前景。这是区别于其他社会经济调查研究活动的根本特点。

（二）总体性

总体性是指社会经济统计是以社会经济现象总体的数量方面作为自己的研究对象。在统计工作中，要对一个个个别单位进行观察，但观察的目的不是为了研究某一个个别单位，而是通过对它们的观察，了解总体的特征。例如，要了解某班学生的学习情况，就必须从了解该班每个学生的学习情况开始，通过有关资料的搜集、整理和分析工作，才能从总体上说明该班学生的学习情况。由于社会经济现象错综复杂，各个个体现象所处环境不同，其表现具有特殊性、多样性。但总体现象则是相对稳定的，具有一定的规律性，所以，对总体的数量特征进行研究，就可以反映社会经济现象的规律性，以达到认识客观现象本质的目的。

（三）具体性

具体性是指社会经济统计研究的是社会经济现象中具体事物的数量方面。这是统计与数学的重要区别。数学是研究抽象的数量关系，而统计所研究的是事物在具体时间、具体地点和具体条件下的数量表现，它总是和具体现象的质密切结合在一起的。假如我们说总产值600万元，这实际只是一个毫无意义的抽象数量，如果说2011年11月份某彩电厂总产值为600万元，这就是统计中所说的具体数量了。

（四）社会性

社会性是指社会经济统计研究的是社会经济现象，它属于社会科学范畴，因此，具有社会性的特点。社会性包含三层含义：一是说社会经济现象的发展受社会发展规律的支配，而不受自然发展规律的支配；二是说社会经济现象的发展变化是社会上人们自觉地、有目的活动的结果；三是说对于社会上的任何一种现象，不同的人站在不同的立场上会得出不同的结论。也就是说社会经济统计的数量是反映人们社会生产生活的条件、过程和结果，是人类有意识的社会活动的产物。所以从事统计调查和分析常常有不同的立场、不同的观点、运用不同方法的分歧。这就要求我们发扬实事求是精神，坚持社会主义方向，做好统计工作。

三、统计学的研究方法

统计工作各阶段有着不同的工作内容和要求，与之相适应就需要使用各种专门的研究方法。这些方法主要是大量观察法、统计分组法、综合指标法、统计模型法、归纳推断法等。

（一）大量观察法

大量观察法是指统计研究要从现象总体上加以考察，对总体中的全部或足够多数的个体进行观察的方法。因为社会经济现象是在诸多因素的作用下形成的，其中个体的特征及其数量表现有很大的差别，如果孤立地对其中少数个体进行观察，其结果往往不足以反映现象总体的一般特征。必须对全部或足够多数的个体单位进行观察，经过综合概括，使各单位之间的差异相互抵消，以显示出所研究的客观事物的本来面目，使我们能正确地从总体上把握客观事物的本质特征和必然的规律性。例如，我们想了解我国人口的性别比例，如果只调查个别家庭或少数家庭，情况可能大不相同，有的男多女少，有的女多男少，但是，经过大量观察，男女人数则基本趋向均衡。据第六次全国人口普查资料显示，祖国大陆31个省、自治区、直辖市和现役军人的人口中，男性为68685万人，占总人口的51.27%，女性为65287万人，占总人口的48.73%，性别比（以女性为100，男性对女性的比例）为105.20。这就表明，尽管个别现象受偶然性因素的影响出现偏差，但观察数量达到一定程度，就呈现出一定的规律性。统计研究就是从全部的或足够多的个体观察入手最后达到对总体数量的认识。

大量观察法是统计调查阶段的基本方法。统计调查中的许多方法，例如，普查、统计报表、抽样调查、重点调查等，都是通过对研究对象的大量个体单位进行观察来了解社会经济现象发展情况的。

（二）统计分组法

统计分组法是指根据统计研究任务和被研究现象总体的特点，按照一定的标志，将研究总体划分为若干个不同性质或不同类型的组成部分的一种统计研究方法。统计在研究复杂现象总体时，各单位不仅有量的差别，而且还存在质的差别。从数量方面认识事物不能离开事物质的方面，将所研究的现象总体区分为不同性质的组成部分是统计进行加工整理和深入分析的前提。例如，国民经济中按经济类型、行业分组，可以使人们清楚地观察不同经济类型和不同行业的发展规模、发展变化规律以及相互之间的依存关系。再如，我们将某一班级学生的某门课程的考试成绩搜集来，若只从单个学生的情况来看，是看不出规律的，但如果按照“成绩”分组并加以整理和汇总后，便可以看出该班学生本门课考试的基本情况。

统计分组法是统计整理阶段的主要方法，也是贯穿于整个统计工作过程的研究方法。

（三）综合指标法

综合指标主要指总量指标、相对指标、平均指标、标志变异指标等。综合指标法是指将这些综合指标有机地结合起来对总体现象的数量特征与数量关系进行统计分析的一种统计研究方法。这是我国一种传统的统计研究方法，广泛运用于统计分析中。

经过统计调查和整理阶段，可以计算出说明现象在具体时间、地点和条件下的总量规模、相对水平、集中趋势、变异程度等各种综合指标。这些指标概括地描述了总体各单位数量分布的综合数量特征和变动趋势。例如，我们可以通过国土面积、人口总数、国内生产总值、人均国民收入等指标来说明我国的基本国情。

（四）统计模型法

统计模型法是根据一定的经济理论和假定条件，用数学方程去模拟现实经济现象相互关系的一种研究方法。利用这种方法可以对社会经济现象的变化进行数量上的评估和预测。很大程度上提高了统计分析的认识能力。它是经济管理、经济预测与决策中常用的一种统计分析方法。例如，若我们掌握了某企业若干年的产品产量资料，通过测定发现该企业产品产量呈现直线发展趋势，我们就可以采用一定的方法，拟合一条直线数学方程，并以此来预测该企业未来年份的产品产量。

（五）归纳推断法

归纳推断法也称为统计推断法。它是归纳法在统计推理中的应用。归纳法是指由个别到一般，从事实到概括的逻辑推理方法，它可以使我们从具体的事实中得出一般结论。在统计实践中，我们所观察的往往只是部分或者有限的单位，而所需要判断的总体范围却是大量的，甚至是无限的。这就需要我们根据局部的样本资料对整个总体数量特征做出统计推理，并且这种推理要有一定的置信标准要求。以一定的置信标准要求，根据样本数据来判断总体数量特征的归纳推理方法称为归纳推断法。它可以用于总体的参数估计和假设检验，现已成为我国统计分析的一种重要方法。例如，我们想了解某电子元件厂产品的平均使用寿命，就只能采取科学的抽样方法从该批电子元件产品中抽取很少一部分进行检验，以此来推断该批电子元件的平均使用寿命。

第二节 统计工作的过程和职能

一、统计工作的过程

统计工作是运用各种统计方法对社会经济现象进行调查研究以认识其本质和规律性的一种认识活动。作为一种认识活动，就必然有一种对客观事物的认识过程。统计认识过程是：从定性认识到定量认识，再到定量与定性相结合。例如，要调查某地区居民家庭收入情况，必须首先搞清居民家庭收入的概念，明确计算范围和计算方法，才能进行调查，这属于定性认识。然后，从调查该地区每一户居民的收入情况开始，经过计算整理得出对该地区居民家庭收入水平总体情况的认识。这是从对个体数量表现的认识过渡到对总体数量特征的认识的过程，属于定量认识。然而，这种定量认识还不是统计认识的终结，还必须与新的定性认识相结合，即调查结果所形成的数据说明这一地区居民家庭收入究竟达到什么水平，是贫困、温饱，还是小康？一般统计认识的全过程分为四个环节或阶段，依次为统计设计、统计调查、统计整理和统计分析。

（一）统计设计

统计设计是指根据统计研究对象的性质和研究目的，对整个统计工作做出全面计划安排的工作阶段。统计设计的主要内容有：统计指标和指标体系的设计，统计分类和分组的设计，统计表的设计，统计资料搜集方法的设计，统计调查、整理和分析研究方案的设计，统计工作各部门和各阶段之间相互协调与联系的设计，统计力量的组织与安排，等等。

统计设计是统计工作顺利进行的前提。因为这一阶段是对社会经济现象进行初始定性认识，为定量认识做准备的。只有事先进行设计，才能统一认识、统一步骤，使整个统计工作有秩序地、协调地进行，以保证统计工作的质量。

（二）统计调查

统计调查即统计资料的搜集。它主要是指根据统计设计的要求，向调查总体的各个单位搜集原始资料的工作阶段。

统计调查是整个统计工作的基础环节。因为这一阶段是统计认识活动由初始定性认识过渡到定量认识的阶段，这个阶段所搜集的资料是否客观、周密，直接关系到统计整理的好坏，关系到统计分析结论的正确与否，决定统计工作的质量。

（三）统计整理

统计整理是指根据统计研究的目的，对调查阶段搜集的统计资料进行科学的加工整理，使之条理化、系统化，从而说明社会经济现象的总体特征的工作阶段。

统计整理是统计工作的中间环节。因为这一阶段是使我们对社会经济现象的认识，由感性上升到理性的过渡阶段，它在整个统计工作过程中处于承前启后的地位。

（四）统计分析

统计分析是指运用统计分析方法，对经过加工整理的统计资料进行分析研究，以揭示现象发展过程的特征和规律性的工作阶段。

统计分析是统计工作的最终环节。因为这一阶段是对现象得出定量与定性相结合的深刻认识的阶段，也是统计发挥信息、咨询和监督职能的关键阶段。

统计工作上述四个阶段各有自己的特定内容和作用，并依次进行。它们是相互联系、相互制约的整体，任何一个阶段的工作失误，都会影响整个工作的顺利进行。

二、统计的职能

（一）信息职能

所谓信息是指客观事物特征和运动规律的各种数据、资料、观点、消息等等。统计的信息职能是指国家统计部门根据科学的统计指标体系和统计调查方法，灵敏、系统地采集、处理、存储经济、社会、科技等方面活动情况的统计数据，为国家、社会、世界提供大量的以数量描述为基本特征的社会经济信息的职能。在当今这个信息时代，统计信息已成为人们认识社会和国家，进行宏观决策和管理必不可少的重要依据。

（二）咨询职能

统计的咨询职能是指统计部门利用已掌握的丰富的统计信息资源，运用科学的分析方法和先进的技术手段，深入开展综合分析和专题研究，为国家、社会及各部门进行科学决策和管理提供各种可供选择的建议和对策方案。

为了切实、有效地发挥统计的咨询职能，要求统计工作人员做到：一要实事求是，认真调查研究，如实提供信息；二要在咨询方式、方法上，坚持定量分析与定性分析相结合，以定量分析为主的原则；三要注意时效性。

（三）监督职能

统计的监督职能是指通过统计调查和分析，及时、准确地从总体上反映社会、经济和科技的运行状态，并对其实行全面、系统的检查、监督和预警，以促使国民经济按照客观规律的要求持续、稳定、协调地发展。

统计的监督作用日益显著，各级统计机构应根据社会经济发展规律和党的方针政策，通过大量的统计信息密切注视国民经济发展态势，紧密围绕宏观经济调控目标，灵敏跟踪各项政策执行情况，及时进行定量检查、监测和预警，充分发挥国民经济“监测仪”的作用。

统计的信息、咨询、监督职能是相互联系、相辅相成的。统计信息职能是保证统计咨询职能和监督职能得以有效发挥的基础，是最基本的职能；统计咨询职能是统计信息职能的延续和深化；统计监督职能是在信息、咨询职能基础上进一步的拓展，并促进统计信息和咨询职能的优化。

第三节　统计学中的基本概念

统计学和其他科学一样，在论述本门学说的理论与方法时，要运用一些专门的概念。有些概念是基本的、常用的，是我们学习统计时必须掌握的。

一、总体与总体单位

（一）总体

总体即统计总体，是根据一定的目的和要求所确定的研究事物的全体，它是由客观存在的，并且具有某种共同性质的许多个别事物构成的整体。例如，要研究我国工业企业的生产经营情况，就应把我国所有工业企业组成的整体作为一个总体。因为它包括许多工业企业，每个工业企业都是客观存在的，并且其经济职能是相同的，都是从事工业生产活动、制造工业产品的基层单位，这些单位便构成一个总体。通过对这个总体进行研究，就可以说明我国工业企业生产活动的状况、特征等各种数量特征，如从业人数、资金规模、技术力量、设备状况、经济效益等。再如，研究一所学校某班学生的学习情况，就可将该班全部学生作为总体；研究一个城市的汽车运输情况，可将该地区的全部汽车作为总体；研究合理化建议的提出和采纳情况，则全部的合理化建议便是总体。

从上面的举例可以看出，由于研究目的不同，总体的范围可大可小，可以由单位组成，也可以由人、物组成，还可以由某些事件等组成。

按照总体中所包含的个别单位是否可以计数，总体可分为有限总体和无限总体。有限总体是指总体所包含的个体数是有限的，可以计数的；反之，则称为无限总体。例如，工业企业数、居民家庭户数、人口数、学校数等均属于有限总体；而太空星球数、世界上的植物总数、动物总数、大量连续生产的某种小件产品等则属于无限总体。从理论上讲，总体都应是有限的，只是由于各种条件的限制，使得有些总体的个别单位不可计数，才把这些总体假定为无限总体。对有限总体既可以进行全面调查，也可以进行非全面调查；而无限总体只能进行非全面调查。

要构成统计总体必须具备三个基本特征：

1. 同质性

同质性是指总体各单位必须具有某种共同的性质，才能构成统计总体。如工业企业总体中每个工业企业具有相同的经济职能，都是进行工业生产经营活动，向社会提供工业产品的，这样才能组成工业企业总体。同质性是总体的根本特征，是构成统计总体的前提条件。

2. 大量性

大量性是指总体是由许多总体单位组成的，一个或少数单位不能形成总体。这是因为统计研究的目的是要揭示现象发展变化的一般规律，而事物的发展变化规律只能在大量事物的普遍联系中表现出来。如前面谈到的要研究我国工业企业的生产经营情况，就不能只用个别几个企业的情况来代替，因为个别企业有其各自的特殊性和偶然性，我们只有对大量的或是足够多的企业进行研究，才能使个别单位偶然因素的作用相互抵消，从而显示出总体的本质和规律性。大量性是统计研究的必要条件。

3. 变异性（或称差异性）

变异性是指总体各单位除了必须在至少一个方面性质相同外，在其他方面必须有不同的表现。例如，工业企业总体中，每个企业除了具有相同的经济职能外，其他方面如经济类型、从业人数、产值、成本、利税额等，就各不相同。变异是普遍存在的，统计研究就是要在个别事物的差异中寻找共性，以揭示其活动的规律性。变异性是进行统计的前提条件。

上述三个特征缺一不可，只有同时具备这三个特征，才能形成统计总体，才能进行统计研究。

（二）总体单位

总体单位是指构成总体的个别单位，它是总体的基本单位，简称单位或个体。例如，上例全国工业企业这一总体，是由许多工业企业构成的，其中每个工业企业都是构成这个总体的一个个体，也就是一个总体单位。再如，学生总体中的每个学生、汽车总体中的每辆汽车、合理化建议中的每件合理化建议等都是总体单位。可见根据不同的研究目的，总体单位也可以是单位、人、物及事件等。

（三）总体和总体单位的关系

总体和总体单位之间的关系属于整体与个体的关系。两者的划分不是固定不变的，而是相对的，它们会随着研究目的的改变而变换。当研究目的和任务确定后，统计总体和相应的总体单位就产生和固定下来。例如，研究全国工业企业的经营情况，全国所有工业企业是总体，每一个工业企业是总体单位。如果研究目的改变为研究某一个工业企业的经营情况，则这个企业就不再是总体单位，而变成总体了。

课堂练习与活动

某省现有56所高职院校，在校学生140000人，教职工11200人，若要对该省高职院校进行教学水平评估，总体和总体单位是什么？

二、标志、变异和变量

（一）标志

1. 标志和标志表现

标志即单位标志，是指说明总体单位特征的名称。例如，把工业企业作为总体，每个工业企业的经济职能、经济类型、所属行业、从业人数、资金额、产值、成本、利税额、劳动生产率、平均工资等就是标志。再如，学生作为总体，每个学生的性别、年龄、文化程度、籍贯、班级、考试成绩、民族等就是标志。标志与总体单位关系密切，总体单位是标志的直接承担者，标志是依附于单位的。

标志表现是指每一个总体单位所表现出来的具体属性或数量特征。例如，某学生的性别是女、年龄18岁、文化程度是高中，这里的“性别”、“年龄”、“文化程度”是标志，而“女”、“18岁”、“高中”就是标志表现。一般来讲，同一总体中，每个总体单位都有相同的标志，我们可以通过不同的标志表现来区别一个单位与另一个单位。例如，每个工业企业都有“经济类型”这个标志，但其具体表现却有国有企业、集体企业、股份合作企业、中外合资企业、私营企业等。再如，学生“成绩”这个标志，就有“50 分”、“60 分”、“70 分”、“80 分”、“90 分”等不同标志表现。

2. 标志的种类

（1）按标志表现是文字还是数值将标志分为品质标志和数量标志。

①品质标志。表示总体单位质的特征，通常是在标志名称下用文字表明某单位的性质是什么。例如，某学生的性别是女、民族为汉族，这时“女”、“汉族”分别表明该学生在“性别”和“民族”方面的属性。这里“性别”、“民族”是品质标志，“女”、“汉族”则为这两个品质标志的具体表现。再如，工业企业的经济职能、经济类型、所属行业；学生的文化程度、籍贯、班级等均属于品质标志。

②数量标志。表示总体单位量的特征，是用数值表示的。它的具体表现是在数量标志的名称后表明某单位的具体数值是多少。例如，某工业企业的从业人数是 8000 人，年利税额 100 万元；某学生年龄为 18 岁，某门课考试成绩 90 分。这里的“从业人数”、“年利税额”、“年龄”、“考试成绩”是数量标志；而“8000 人”、“100 万元”、“18 岁”、“90 分”分别是“从业人数”、“利税额”、“年龄”和“考试成绩”的标志表现，又称标志值。

（2）按标志表现是否完全相同将标志分为不变标志和可变标志。

①不变标志。当一个总体各单位在某一标志名称下的具体表现完全相同时，这一标志就是不变标志。例如，全国工业企业为总体，每个工业企业的经济职能是相同的，都是向社会提供工业产品，“经济职能”就是一个不变标志。

②可变标志。当一个总体各单位在某一标志名称下的具体表现不完全相同时，这一标志就是可变标志。例如，全国工业企业为总体，工业企业的经济类型、所属行业、从业人数、资金额、工业总产值、劳动生产率、平均工资、利税额等，其具体表现在总体各个单位上不尽相同，属于可变标志。

课堂练习与活动

某地区有 3 家三资企业，其销售额分别为 120 万元、135 万元、168 万元，则“三资企业”是品质标志，“销售额”是数量标志，这句话对吗？为什么？

（二）变异

变异是指可变标志在总体各个单位具体表现上的差异。包括质的变异和量的变异。例如，学生的性别这一标志可以具体表现为男、女，这是属性上变异，而学生考试成绩这一标志可具体表现为 50 分、60 分、70 分、80 分等，这是数量上的变异。

（三）变量

1. 变量和变量值

变量是指可变的数量标志。例如，每个工业企业的从业人数、资金额、产值、成本、平均工资；每个学生的年龄、身高、体重、考试成绩等就是变量。变量的数值表现就是变量值。例如，工业企业的平均工资具体表现为 600 元、680 元、780 元、850 元、930 元、1050 元、1300 元等；学生的年龄具体表现为 15 岁、16 岁、17 岁、18 岁、19 岁、20 岁等就是变量值。

2. 变量的种类

变量按变量值是否连续可分为连续变量与离散变量两种。

（1）连续变量。是在一定区间内可任意取值的变量，其变量值是连续不断的，相邻两个数值之间可作无限分割，既可用整数表示，也可以用小数表示。例如，企业的产值、利税额、人的年龄、身高、体重等即为连续变量，其数值只能用测量或计算的方法取得。

（2）离散变量。其变量值表现为断开的，只能用整数表示，不能用小数表示。例如，企业个数、学生人数、设备台数、学校数、商店数等都是离散型变量，这种变量的数值一般采用计数的方法取得。

由此可见，变量与数量标志是密不可分的，没有数量标志就没有变量。

课堂练习与活动

在全国彩电企业中，有一家企业上年产量为 30 万台，销售收入为 12500 万元，获利 1112 万元，指出其中的连续变量、离散变量及变量值，并说明理由。

三、指标与指标体系

（一）指标

1. 指标的含义

指标即统计指标，是说明总体特征的概念。它是用一个具体的综合数字来说明总体特征的，又称综合指标。它是一个总体中各单位数量特征（数量标志值）汇总、计算的结果，只能用数值表示。例如，我国 2011 年国民经济和社会发展统计公报显示：2011 年全国国内生产总值 471564 亿元，粮食总产量 57121 万吨，全社会固定资产投资 311022 亿元，全年进出口总额达 36421 亿美元，年末人口 134735 万人，等等，都是统计指标。

可见，一个完整的统计指标应由指标范围、时间、地点、指标名称、指标数值和数值单位等要素构成。

2. 指标的种类

（1）指标按其说明内容的不同，可以分为数量指标和质量指标。

①数量指标，是反映总体总量的指标，是说明总体外延规模的，通常用绝对数表示，其数值随总体范围大小而增减，如上例中的从业人数、工业总产值、工资总额、利税总额等。数量指标属于基本的统计指标，它是认识总体现象的出发点。

②质量指标，通常是由数量指标对比计算出来的，用来说明总体内部、总体之间数量关系以及总体单位一般水平的，是反映总体内涵量的指标，用相对数或平均数表示，如人口的年龄构成、人口密度、人均国民收入、平均工资、平均成绩、工人劳动生产率，等等。

（2）指标按其表现形式的不同，分为总量指标、相对指标和平均指标。总量指标属于数量指标，表现为绝对数，平均指标和相对指标属于质量指标，分别表现为平均数和相对数。以上所述指标是基本的综合指标，广义的综合指标包括所有的统计指标。

3. 指标和标志的关系

指标和标志是两个既有区别又有联系的概念。两者的主要区别是：①标志是说明总体单位特征，而指标是说明总体特征的。②标志分为不能用数值表示的品质标志和能用数值表示的数量标志，而指标都是用数值表示的。标志与指标的主要联系是：①许多指标的数值是从总体单位的数量标志值汇总得到的，如全国工业企业的从业人数是由全国各工业企业的从业人数汇总得到的；全国工业企业总产值是所属每个工业企业的总产值的总和等等。②指标和数量标志之间存在着变换关系。当研究目的改变，原来的总体如变为总体单位，则相应的指标就变为数量标志了；反之，亦然。

课堂练习与活动

某地区某年对工业企业进行调查，调查项目有行业类别、隶属关系、从业人数、营业收入、利润总额、劳动生产率等。那么品质标志是什么？数量标志是什么？该地区工业企业该年的“利润总额”和“劳动生产率”是标志还是指标？分别是哪一类？

（二）指标体系

1. 指标体系的含义

指标体系是指具有内在联系的一系列指标所构成的整体。在统计研究中，如果只使用一个指标来说明问题，往往只能反映总体某一方面的数量特征。为了全面系统地认识一个复杂现象总体，就必须采用统计指标体系来反映。例如，工业企业的经营活动实际是人力、物资、资金、生产、供应、销售等等相互联系的整体活动，为了反映企业生产经营全貌，就应通过由产量、产值、品种、质量、职工人数、劳动生产率、工资总额、原材料、设备、资金、成本、利润等指标构成的指标体系来反映。

2. 指标体系的种类

统计指标体系按其反映对象的不同，分为基本统计指标体系和专题统计指标体系两类。基本统计指标体系是反映国民经济和社会发展及其各个组成部分的基本情况的统计指标体系。专题统计指标体系是针对某一个经济或社会问题而制定的统计指标体系，例如经济效益统计指标体系、人民物质文化社会水平统计指标体系等。

本章知识架构

- 绪论
  - 统计含义
    - 统计资料
    - 统计工作
      - 统计设计
      - 统计调查
      - 统计整理
      - 统计分析
    - 统计学
      - 统计学原理
      - 专业统计学
      - 统计史
  - 统计研究对象及特点（数量性、总体性、具体性、社会性）
  - 统计研究方法
    - 大量观察法
    - 统计分组法
    - 综合指标法
    - 统计模型法
    - 归纳推断法
  - 统计职能
    - 信息职能
    - 咨询职能
    - 监督职能
  - 统计学中的基本概念
    - 总体和总体单位（含义、关系、特征）
    - 指标和标志（含义、种类、关系）
    - 变异与变量（含义、种类）
    - 统计指标体系（含义、种类）

复习思考题

1. 统计的含义有哪些？它们之间的关系如何？

2. 如何理解社会经济统计学的数量性、总体性、具体性和社会性特点？

3. 统计的职能是什么？

4. 一项完整的统计工作包括几个工作过程？

5. 什么是总体、总体单位、标志、指标、变异、变量？

6. 试列举出下列总体中各单位的品质标志和数量标志：

(1) 高等院校；(2) 大学生；(3) 大学教师；(4) 工厂；(5) 工人；(6) 医院；(7) 医生。

7. 某校学生总体中：(1) 学生人数2258人；(2) 学生的平均身高1.66米；(3) 某学生的年龄为19岁；(4) 某班期中考试的各科平均成绩为78分。哪些属于指标？

案例分析

1. 欲了解某财经类高职学院学生的基本情况，对该院全部学生进行了调查，调查资料显示：全院在校学生 2952 名，男生 1289 名，女生 1663 名；学生来自不同地区，有 11 名回族学生，1 名蒙古族学生，其余均为汉族；全院学生中年龄最大的为 23 岁，最小的为 18 岁，平均年龄为 20 岁。

根据上述资料，分析回答下列问题：

（1）调查的总体和总体单位是什么？

（2）资料中出现的标志有哪些？并指出其类型。

（3）资料中有没有出现变量？若有，属于哪一类？

（4）资料中出现的指标是什么？是数量指标还是质量指标？

分析如下：

从题目上看，我们的研究目的是了解某财经类高职学院学生的基本情况，总体则为该财经类高职学院全体学生，每一位学生就是一个总体单位；反映每一位学生特征的"所属院校——某财经类高职学院"、"性别——男生、女生"、"籍贯——来自不同地区"、"民族——回族、蒙古族、汉族"、"年龄——23 岁、18 岁"是标志，其中，"所属院校"、"性别"、"籍贯"、"民族"是品质标志，"年龄"是数量标志，由于每一位学生的"所属院校"是相同的，所以"所属院校"是不变标志，而"性别"、"籍贯"、"民族"、"年龄"的表现不完全相同，属可变标志；变量是指可变的数量标志，因此，"年龄"就是变量，而且是连续性变量；"学生人数 2952 名"是反映全院学生总体单位总数的，属数量指标；"平均年龄 20 岁"是反映全院学生年龄情况，而不是说明某一个学生的，所以是指标，属质量指标。

2. 全国工业企业分为国有及国有控股企业、集体所有制企业、股份制企业、外商及港澳台投资企业四种类型。2011 年，全国工业企业工业增加值为 188572 亿元，比上年增长 10.7%。假设某一工业企业属股份制企业，其工业增加值为 526602 万元，比上年增长 11.2%。

上述资料中有无总体、总体单位、指标、标志、变量、变量值？如果有，请将它们一一指出来，并加以说明。

分析如下：

资料中出现有总体、总体单位、指标、标志、变量、变量值。总体——全国工业企业；总体单位——某一工业企业；指标——全国工业企业"工业增加值为 188572 亿元"、全国工业企业"产品销售率 10.7%"；标志——某一工业企业"工业增加值"、"产品销售率"；变量——某一工业企业"工业增加值"、"产品销售率"（因为这两个标志是可变的数量标志）；变量值——526602 万元、11.2%。

第 二 章

统计调查方法

没有统计调查，统计工作无异于“巧妇难为无米之炊”。

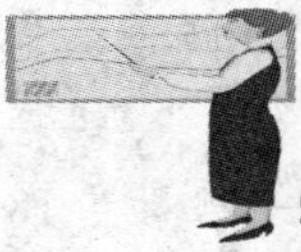

学习目标

统计调查既是统计实践活动的基础环节，也是决定统计工作质量的关键环节。通过本章内容的学习，要求认识统计调查在统计工作中的地位和作用，了解统计调查的种类，理解各种统计调查的组织方式，掌握统计调查方案的内容和统计调查问卷的基本结构，可以初步根据调查目的和客观实际情况，正确地采用调查方法，组织搜集准确、及时的统计资料，能根据某一实际问题初步设计统计调查方案和拟定统计调查问卷。

第一节　统计调查的意义和种类

一、统计调查的意义

统计调查是根据统计研究的预定目的、要求和任务，运用科学的调查方法，有计划有组织地向客观实际搜集登记资料的活动过程。统计调查所涉及的资料有两种：一种是原始资料，它是直接向调查单位（个体）搜集的未经加工整理、需要由个体过渡到总体的统计资料，又称为初级资料；另一种是次级资料，它是根据研究目的，搜集已经经过加工整理、由个体过渡到总体、能够在一定程度上说明总体现象的统计资料，它来源于原始资料，又称为第二手资料。统计调查的基本任务是对原始资料的搜集，即搜集反映社会经济现象总体中个体的有关标志的具体表现。

为了更好地完成统计工作的任务，发挥统计工作的作用，必须保证调查资料的质量，使其正确反映客观事物，在统计调查过程中必须达到如下基本要求：

（一）准确性

准确性是指统计调查所搜集的资料必须准确可靠，符合实际情况，既不修饰也不渲染。统计调查所取得的资料的准确性是衡量统计调查工作质量的重要标志。统计调查必须准确地反映实际情况，保证各项调查资料真实可靠。统计工作能否顺利完成任务，在很大程度上取决于所搜集的资料是否准确。如果调查资料不符合客观实际，情况失实，就会使人们的认识出现偏差，甚至得出错误的结论。因此，我们说统计资料的准确性是保证统计资料质量的首要环节，是统计工作的生命。为了保障统计资料的准确性，《中华人民共和国统计法》第七条规定："国家机关、企业事业单位和其他组织以及个体工商户和个人等统计调查对象，必须按照本法和国家有关规定，真实、准确、完整、及时地提供统计调查所需的资料，不得提供不真实或不完整的统计资料，不得迟报、拒报统计资料。"统计工作者更要坚决执行《中华人民共和国统计法》，把维护统计资料的真实性作为自己的光荣职责。

（二）及时性

及时性是指严格按照统计调查方案中规定的时间，按时完成各项调查资料的搜集和上报的任务，以满足各部门对统计资料的需要。如果调查不及时、提供不及时，犹如"雨后送伞"，即使搜集来的统计资料是十分准确可靠的，也会贻误统计整理分析的时间，使统计失去应有的作用。同时，统计资料的及时性也是一个全局性的问题。每一项统计任务的完成，都是许多单位共同努力的结果，任何一个调查单位不按规定的时间提供资料，都会影响全面的综合工作，甚至贻误整个统计工作的开展。因此，提高统计调查的及时性不是个别单位的工作所能实现的，各个调查单位必须共同增强全局观念，严格遵守统计制度和纪律，才能做好这项工作。

（三）完整性

完整性是指调查单位不重复、不遗漏，调查纲要中所列调查项目的资料要搜集齐全。如果调查单位出现重复或遗漏，调查项目所需资料残缺不全，就不可能反映所研究对象的全貌和正确认识社会经济现象总体的特征，最终也就难以对社会经济现象的规律性做出正确的判断，甚至会得出错误的结论。

综上所述，统计调查中的准确性、及时性和完整性，是对统计工作的基本要求，它们是一个既矛盾又统一的整体。准确性是统计调查工作的基础，要在准中求快、准中求全。但不能单纯求快、机械求全和绝对求准。在统计工作中要正确处理好三者的关系，不可偏废，避免出现片面性。

二、统计调查的种类

社会经济现象是错综复杂的，调查对象是千差万别的，统计研究的任务是多种多样的，因此在组织统计调查时，应根据不同的调查目的和调查对象的特点，灵活采用不同的调查方式和方法，这是统计调查的一个重要问题。统计调查的种类，指的是各种不同的调查方式。

统计调查方式按照不同的标志有不同的分类。

（一）全面调查和非全面调查

统计调查按调查对象包括的范围不同，可分为全面调查和非全面调查。这是统计调查最基本的分类。

1. 全面调查

全面调查是指对总体中的全部单位，无一例外地进行登记或观察的调查方式。例如，要了解全国人口数量、地区分布等情况，就要对全国所有人口无一例外地进行调查登记；要了解全国固定资产投资情况，就要对全国各系统各部门所有的固定资产投资项目进行调查；要掌握全国国有企业生产经营情况，就要对全国所有的国有企业都进行调查登记。普查和全面统计报表属于全面调查。这种调查方式能掌握所有调查单位的全面情况，但由于调查面广，不仅要耗费较多的人力、物力和财力，而且调查难以深入。因此，全面调查只适用于有限总体，调查内容应限于反映国情国力的最重要最基本的指标。

2. 非全面调查

非全面调查是指对总体中的一部分单位进行登记或观察的调查方式，即非全面调查的调查范围只是调查对象中的部分或少数单位。例如，为了研究城镇居民的消费情况，可以只对一定数量的居民户进行调查；为了了解某省乡镇企业的经济效益状况以及经营管理的新情况、新问题，就不必对该省的所有乡镇企业一一调查，只需要选择部分乡镇企业调查就可以；为了掌握进出口商品的质量，并不需要对所有的进出口商品一一进行调查，而只需要从中抽取一部分商品做检验。抽样调查、重点调查、典型调查和非全面统计报表属于非全面调查。这种调查方式既适用于有限总体，也适用于无限总体。但由于涉及的调查单位少，既可以用较少的人力、物力、财力和时间调查较多的内容，又可以搜集到较深入、细致的情况和资料，有的还可以据以推断研究对象的总量指标。对于无限总体只能搞非全面调查。但由于它未包括总体范围内的全部单位，因此，常常需要与全面调查结合起来应用。在统计调查中，究竟采用全面调查还是非全面调查，要根据统计研究目的、社会经济现象的特点以及具体条件来决定。

课堂练习与活动

“全面调查是对调查对象的各方面进行调查”，这句话对么？为什么？

（二）经常性调查和一次性调查

统计调查按调查登记时间是否连续，可分为经常性调查和一次性调查。

1. 经常性调查

经常性调查又称连续调查，是指在调查中随着研究对象的数量不断变化，而连续不断地进行登记或观察的调查方式。例如，商品销售量是随着商品销售业务的发生而不断变化的，要取得一定时期内的销售量，必须对每天的销售量进行连续登记。例如，人口的出生数和死亡数、产品产量、原材料、燃料和动力的消耗量、贷款的累计发生额等，必须在观察期内连续进行登记。可见，经常性调查的资料是说明现象的发展过程，体现现象在一段时期的总量。所以，这种调查方式适用于时期现象。

2. 一次性调查

一次性调查又称不连续调查，是指在调查中对被研究对象在某一时点（时刻或瞬间）的状况进行一次性登记的调查方式。例如人口数、企业数、固定资产总值、物资库存量、商品库存量、生产设备拥有量等。这些指标在短时期内变动不大，不必连续不断地进行登记，可以经过一段时间对某一时点的数量进行登记。可见，一次性调查的资料一般是表明现象在某一时点（时刻或瞬间）的数量。所以，这种调查方式适用于时点现象。经常性调查和一次性调查的区别与采用，是由被研究现象的性质决定的。一次性调查可以定期进行，也可以不定期进行。定期进行的一次性调查是每隔一定时期进行一次，例如每月末进行的商品库存量调查。不定期进行的一次性调查相邻两次调查之间的时间间隔是不等的，例如科技人员普查。一次性调查的间隔应视事物发展变化的特点、工作需要与工作条件而定。

课堂练习与活动

"我国的人口普查每十年进行一次，因此它是一种连续性调查方法"，你认为这句话对吗？

（三）统计报表和专门调查

统计调查按组织形式的不同，可分为统计报表和专门调查。

1. 统计报表

统计报表是指按照统一规定的表式要求，自上而下地统一布置、自下而上地逐级提供基本统计资料的一种调查方式。例如进行业务指导所需的工农业生产、财政、税收、金融、贸易和运输邮电等业务统计报表等。我国建立了统计报表制度，所有企事业单位都有责任按照规定的表式、项目、时间和程序，向上级机关提交报表。

2. 专门调查

专门调查是指为研究某些专门问题，由进行调查的单位专门组织的一种调查方式，这种调查多属于一次性调查。这种调查灵活多样，适应性强，既可以针对某专项内容进行，也可以补充统计报表的不足。例如人口调查、劳动力调查、工业企业调查、物资调查、经济调查等。统计报表反映的是社会、经济、科技发展状况的基本指标，这些指标在一定时间之内是相对稳定的。但是，客观形势总是不断发展和变化的，并且不断地产生新情况和新问题。了解这些情况，不适于采取经常性调查的统计报表形式，只能组织专门的统计调查，以满足各级领导部门为制定各项方针、政策和领导工作的需要。专门调查包括普查、抽样调查、重点调查和典型调查。

（四）直接调查、派员调查、凭证调查和问卷调查

统计调查按搜集资料的方法不同，可分为直接调查、派员调查、凭证调查和问卷调查。

1. 直接调查

直接调查是指调查人员亲自到现场对调查单位的调查项目直接清点、测定、计量以取得资料的一种调查方法。如为了了解工业企业期末的在制品数量，调查人员深入到生产现场进行观察、计数、测量；为了及时了解农作物产量，调查人员可以亲自参加收打和称量，等等。直接观察法取得的资料具有较高的准确性，但需要大量的人力、物力、财力和时间。因此，它的应用受到一定的限制。

2. 派员调查

派员调查是指由调查人员向被调查者提问，根据被询问者的答复来搜集统计资料的一种调查方法。这一方法又分为个别访问和开调查会两种。个别访问是由调查人员向被调查者逐一询问来搜集资料的方法。采用这种方法的优点是调查资料的准确性较高，但花费的人力较大、时间较多，不适于进行全面调查。开调查会是指邀请了解情况的人参加座谈会，以此来搜集资料的方法。采用这种方法，可以共同商讨、相互启发与核实、深入了解实际情况，取得比较准确可靠的资料，但这种方法也有不足之处，参加会议的人容易受权威人士或第一发言人的影响，以致出现信息偏差。尽管如此，这种方法在典型调查中仍被广泛使用。

3. 凭证调查

凭证调查是指由报告单位根据一定的原始记录和统计台账，依据统计报表的格式和要求，按照隶属关系，逐级向有关部门提供统计资料的一种调查方法。当前，我国各企业、机关向上级填报统计报表就是报告法。报告法具有统一项目、统一表式、统一要求和统一上报程序的特点。其资料来源于原始记录，可以同时进行大量的调查。在报告系统健全、原始记录和核算工作完整的前提下，采用这种方法也可以取得比较精确的资料。

4. 问卷调查

问卷调查是指为特定目的，以问卷形式提问，发给被调查者，由被调查者自愿自由回答的一种搜集资料的方法。通常是在初步分析调查对象的基础上，从调查对象总体中随机地或有意识地选择若干调查单位，发出问卷，要求被调查者在规定的时间内以不记名（也可以记名）方式反馈信息，经调查综合整理、分析，以形成对调查对象总体的认识。这种方法多用于主观指标的调查，适用于市场的探索性、解释性、描述性等各项研究，是当今市场调查中最常用的一种调查方法。如果运用得当，可以真实地反映民意民情。科学地进行问卷调查，必须精心设计，问题要简明扼要，填写答案花费时间较少，程序严密，保证做到为调查者保密。

上述四种分类并非相互排斥，而是从不同的角度对同一调查进行不同的分类，它们是相互依赖、相互补充、交叉融合的。例如，普查既是一种专门调查，又是一次性调查，也是全面调查。因为统计调查的方式多种多样，所以要求经济管理人员和经营者熟练掌握各种统计调查方式。只有这样，才能在实际应用时根据调查目的和调查对象的特点，结合具体情况灵活选择运用，有时根据需要可以且应该将多种调查方式结合应用。

第二节　统计调查方案

统计调查是一项系统工程，是一项复杂、细致、科学、严密的工作。它不仅涉及面广、工作量大、参加人员多，而且常常由不同人员和机关进行，具有高度的科学性和群众性。为了在调查过程中统一认识、统一内容、统一方法、统一步调，顺利完成任务，从我国统计工作的实践经验来看，无论采用什么调查方式搜集资料，都要事先根据需要与可能，对被研究对象进行定性分析，制定出一个统一的、周密的调查方案。统计调查方案是统计设计在统计调查阶段的具体化，是统计设计阶段的一项重要内容。正确制定统计调查方案，不仅是保证统计调查有计划、有组织地顺利进行的前提，同时也是准确、及时、完整地取得调查资料的重要条件。一份完整的调查方案，应包括以下基本内容：

一、调查目的

确定调查目的是制定统计调查方案的首要问题。所谓调查目的是指通过调查要摸清什么情况、解决什么问题。统计调查总是为一定的目的服务的，不同的研究目的和任务，决定着不同的调查内容、范围、方法和组织工作。如果调查目的不明、任务不清，就无法确定向谁调查、调查什么、用什么样的方式方法进行调查等等。如果盲目地进行调查，其结果可能是：搜集来的资料并不都是需要的，而真正需要了解的情况又得不到充分的反映。这样一方面浪费了人力、物力、财力和时间；另一方面延误了整个工作。调查目的，主要是根据社会主义建设的实际需要，并结合调查对象本身特点来确定。任何社会经济现象都可以根据人们的需要，从不同方面、不同角度来搜集资料。例如，对职工家庭生活情况既可以从物质方面进行研究，也可以从精神方面进行研究。因此，确定调查目的时，一般应该遵循以下原则：①根据党的方针政策和当前的政治经济任务，抓住最为重要的迫切问题；②有关国情国力的基本情况；③从统计工作整体出发，立足于国民经济综合平衡的需要；④适应制定和检查计划的需要；⑤从所研究总体的实际出发，把需要与可能结合起来。

二、调查对象和调查单位

调查目的确定以后，随之就要确定调查对象和调查单位。确定调查对象和调查单位是为了回答向谁调查、由谁来具体提供统计资料的问题。所谓调查对象就是指某项调查中需要进行调查研究的社会现象的总体，即统计总体，它是由性质相同的许多个别事物所构成的。所谓调查单位就是调查对象中的每个个别事物，即总体单位，也就是在某项调查中登记其具体特征的单位，即调查项目的承担者。例如，调查目的是取得国有工业企业的产品产量、成本和利税等资料，调查对象就是全部的国有工业企业，调查单位是每一个国有工业企业；调查目的是了解科技人员的所学非所用情况，所有的科技人员就是调查对象，每一个科技人员就是调查单位。确定调查对象是一个比较复杂的问题，因为社会生活中的许多现象之间既相互联系又相互交错。所以在确定调查对象时，首先要根据调查目的，对研究对象进行认真分析，掌握其主要特征，科学地规定调查对象的含义；其次要明确调查对象总体的范围，划清它与其他社会现象的界限。只有调查对象的含义确切、界限清楚，才能避免在调查工作中产生重复或遗漏，保证统计资料的准确。需要指出的是，调查单位与填报单位是两个不同的概念。填报单位也叫报告单位，它是负责向上报告调查内容和提交调查资料的单位。填报单位一般是在行政上、经济上具有一定独立性的单位，而调查单位既可以是人、物，也可以是企事业单位。根据调查目的不同，调查单位与填报单位有时一致，有时不一致。例如，当我们调查国有工业企业的产品产量、成本、利税等情况时，每个国有工业企业既是调查单位又是填报单位；当我们要了解企业职工的状况时，调查单位是企业的每个职工，全部职工的调查资料由企业汇总上报，则填报单位是每一个企业。

课堂练习与活动

某省现有高职院校46所，该省教育厅计划对现有46所高职院校进行教学评估，则调查对象、调查单位和填报单位是什么？

三、调查项目和调查表

在调查目的、调查对象、调查单位确定之后，必须确定具体的调查项目。所谓调查项目就是指调查中所要登记的调查单位的特征（这些特征即为上一章所述的标志）。确定调查项目所要解决的问题就是：向调查单位调查什么，搜集什么资料，登记哪些特征？通俗地说，调查项目就是一份在调查过程中应该获得答案的各种问题的清单。例如，在我国2010年第六次人口普查中，根据调查目的要登记每个人的姓名、性别、年龄、民族、文化程度、职业等标志，这些标志就是调查项目。确定调查项目是一件责任重大而且非常有意义的工作。调查项目确定的正确程度如何，决定了整个工作的成效。

反映调查单位特征的标志是多种多样的，选择哪些、选择多少则是确定调查项目的重大问题。因此，在确定调查项目时要注意以下五个问题：一是调查项目只应列出调查目的所需要的项目，可有可无、备而不用的项目不应列入；二是调查项目只应列出能够取得确切实际资料的项目，对于虽然需要但没有条件取得实际资料的项目不应列入；三是调查项目的提法和含义必须明确具体，不能模棱两可，以免调查人员或被调查者按照各自不同的理解进行回答或填写，使调查结果无法汇总；四是调查项目之间尽可能做到相互联系、彼此衔接，以便相互核对，提高调查资料的质量；五是对于同类调查，本次调查项目与过去调查项目之间尽可能一致，以便进行动态对比，研究现象的发展变化。

所谓调查表就是指将调查项目按照一定的逻辑顺序和答案所需空格大小编制而成的统计表。它是搜集原始资料的基本工具。利用调查表来进行调查，不仅能条理清晰地填写需要搜集的资料，而且便于资料的整理汇总。调查表一般由表头、表体和表脚三部分内容组成。调查表一般有单一表和一览表两种形式。单一表是指一张表上只登记一个调查单位，可以容纳较多的调查项目，搜集到丰富详细的资料，如某高职院校学生登记表、职工卡片。一览表是指一张表上登记若干个调查单位，在调查项目不多时较为简便，且便于合计和核对差错，如某高职院校学生名册、人口普查表。调查表确定以后，需要编写填表说明，保证取得“口径”一致的资料。

课堂练习与活动

若要调查某市国有工业企业的生产经营情况，试列举主要调查项目。

四、调查时间和调查时限

统计调查应规定调查时间和调查时限。所谓调查时间就是指调查资料所属的时间（时期或时点）。明确规定调查时间，是保证调查资料准确性的重要条件。如果所要调查的是时期现象，调查时间就是资料所反映的起讫日期（即从何年何月何日起到何年何月何日止）；

如果调查的是时点现象，调查时间就是规定的统一标准时点。所谓调查时限是指进行调查工作的期限，包括搜集资料和报送资料的整个工作所需要的时间。例如，某省 2011 年产品产量报表的呈报时间规定为 2012 年 1 月 8 日，则调查时间为一年即 2011 年，调查时限为 8 天。又例如，某省 2011 年年末物资普查，将 12 月 31 日零时定为普查登记的标准时点，要求在 2012 年 1 月 6 日以前完成普查登记工作，则调查时间为 12 月 31 日零时，调查时限为 6 天。为了满足资料的时效性，应在保证资料准确性的前提下尽可能缩短调查时限。

课堂练习与活动

下列哪些情况的调查应明确规定统一的标准时点？为什么？

(1) 人口出生数；(2) 产品产量；(3) 在册职工人数；(4) 银行存款。

五、调查的组织实施计划

在调查方案中，必须有一个经过周密考虑的调查组织实施计划，这是保证统计调查工作顺利进行的重要前提。调查组织实施计划，也就是调查的具体工作计划。其主要内容包括：①调查工作的领导机构和办事机构，即准备和进行统计调查并对该项调查工作负责的组织、机关或单位；②调查人员的组织，调查的工作步骤；③调查前的准备工作，包括宣传教育、人员培训、调查文件的准备、调查资料的报送办法、调查经费的预算和开支办法、提供或公布调查成果的时间等等；④调查地点和调查方法的确定；⑤其他工作，如调查方案的传达布置、调查工作的检查监督方法、试点调查、调查工作总结等等。

随着统计工作的现代化，调查方案要求日趋周密完善，并且运用系统工程的原理和运筹学的方法对各个环节实现质量控制，层层把关，以保证统计调查工作的顺利进行，圆满地完成统计调查任务。

第三节 统计调查的方法

我国现行的统计调查方法有统计报表、普查、抽样调查、重点调查和典型调查，它们在统计调查中的地位随着不同历史时期而变动。随着社会主义市场经济体制的建立和发展，面对多种经济成分、多种经济类型、多种经营方式等复杂多样的调查对象，在经济结构复杂化和利益主体多元化的格局下，为了充分发挥统计在我国社会主义市场经济建设中的信息、咨询和监督的整体功能，进一步解放思想，更新观念，在 1994 年 2 月召开的全国统计工作会议上提出了统计调查方法的应用体系改革目标是："建立以必要的周期性普查为基础，以经常性的抽样调查为主体，同时辅之以重点调查、科学推算和少量的全面报表综合运用的统计调查方法体系。"如果说统计调查方法体系中"建立以必要的周期性普查为基础，以经常性的抽样调查为主体"体现与国际统计惯例接轨，那么"辅之以重点调查、科学推算和少量的全面报表综合运用"就是考虑到中国的特点，体现了中国的特色。

一、统计报表

统计报表是我国搜集统计资料的一种重要的调查方法。它是按照国家或上级部门统一规定的表式、统一的指标项目、统一的报送程序和报送时间，自上而下地统一布置，自下而上地逐级定期提供基本统计资料的一种调查方法。我国大多数统计报表要求调查对象全部单位定期填报，属于全面调查范畴，所以又称为定期全面统计报表。由于统计报表所包括的范围比较全面，项目比较系统，分组比较齐全，指标内容和调查周期相对稳定，因此，它与其他统计调查方法相比有着显著的特点：①统一性；②全面性；③时效性；④可靠性；⑤动态性。

在我国，统计报表不论是宏观上还是微观上都发挥着重要作用，这是由其特点所决定的。其主要表现为：①统计报表是了解我国国情国力的重要工具。②统计报表资料是国家制定计划和检查计划的主要依据，统计报表是国家获得统计资料的重要途径。③有利于经常搜集和积累统计资料，可以进行动态比较，研究经济建设和社会发展变化的规律性。④各级领导部门可以通过报表资料，经常了解本部门、本地区的经济和社会发展情况。⑤统计报表资料可以为企业的经营管理提供信息，实现资源的合理配置。统计报表虽有重要作用，但它本身也存在着一定的局限性，如缺乏灵活性等。

统计报表的资料来源于基层单位的原始记录。从原始记录到统计报表，中间还要经过统计台账和企业内部报表。原始记录是基层单位通过一定的表格形式，对生产经营和业务管理活动的过程和成果所做的最初的、未经任何加工整理的、第一手的数字和文字记载。它具有广泛性、经常性和群众性的特点。统计台账是基层单位根据统计报表要求和经营管理的需要而按时间顺序设置的一种系统积累统计资料的表册。企业内部报表是企业根据原始记录和统计台账，经过汇总计算后编制的，仅在企业内部实行的统计报表。我国目前一些大中型企业，根据内部经营管理的需要实行了企业内部报表制度。

二、普查

普查是根据统计的特定目的而专门组织的一次性全面调查。例如，人口普查、第三产业普查等。普查具有两个主要特点：一是普查是一次性调查。它主要是用来调查属于一定时点上的社会经济现象的总量。二是普查是专门组织的全面调查。它主要用来掌握全面、系统的国情国力方面的基本统计资料。

普查是一种很重要的调查方法，是其他方法不可代替的。普查和统计报表虽然同属全面调查，但两者是有区别的。统计报表属于经常性调查，报表的内容主要是经常调查的项目。而普查属于一次性调查，主要用于调查有关国情国力的重要资料在一定时点状态下的总量。因为有些社会经济现象，如人口增长及其构成、物资库存、耕地面积、工业设备等情况不可能也不需要组织经常性的全面调查，但又需要掌握比较全面详细的资料，这就可以通过普查来解决。普查的内容广泛详细、规模宏大，可以获得比较完整的统计资料，能解决报表不能解决的问题，但要消耗较大的人力、物力、财力和时间，从而不能经常进行。有组织、有计划、有准备、有步骤地根据需要与可能，进行重大的全国性的国情、国力普查有如下好处：①领导重视，声势浩大，调查经费容易解决；②有利于各部门之间相互配合与共同协作；③能较快地制定出各种分类标准、目录等；④统一行动，限期完成，可及时提供基本统计信息；⑤可为普查后的经常性统计报表和抽样调查打下较好的基础。

普查的组织方式基本上有两种：一种是自上至下组织专门的普查机构，配备一定数量的普查人员，对调查单位直接进行登记。如工业普查。一种是利用调查单位的原始记录和核算资料，或结合清仓盘点颁发一系列的调查表，由调查单位自行填报。如物资库存普查。普查按工作任务缓急和资料汇总特点的不同，又分为两种：一种是一般普查，它是采用逐级布置和逐级汇总上报的办法，前后花费时间较长，不适于紧急任务的需要。一种是快速普查，它强调一个“快”字，布置任务和报送资料可越过中间环节，由普查机构的最高层直接把任务布置到基层，由基层单位直接把资料报送给普查的最高层组织机构，这样缩短了资料的传递和汇总时间，提高了资料的时效性。

普查要求有较高的准确性和时效性，因而普查工作必须要统一领导、统一要求和统一行动。在组织普查时必须遵循以下几项基本原则：

1. 统一规定调查资料所属的标准时点

统一规定调查资料所属的标准时点可最大限度地避免搜集资料因为自然变动或机械变动而产生的重复和遗漏。如我国第六次人口普查规定 2010 年 11 月 1 日 0 时为标准时点；我国第二次农业普查规定 2006 年 12 月 31 日 24 时为普查的标准时点。

2. 调查资料的真实性和时效性

在普查范围内各调查单位或调查点尽可能同时进行调查，并尽可能在最短的期限内完成，以保证调查资料的真实性和时效性。

3. 普查项目不得任意改变

普查项目一经统一规定，不得任意改变或增减，以免影响汇总综合，降低资料的质量。

同一种普查，再次进行时，项目的规定也应力求一致。此外，普查时间的间隔，应当尽可能保持一定的周期。

三、抽样调查

抽样调查是一种非全面调查，它是按随机原则从总体中抽取部分调查单位进行观察，并根据这部分单位的调查资料，从数量方面推断总体指标的一种调查方法。它是非全面调查中较完善并且有科学根据的调查方法。抽样调查与其他非全面调查相比，具有两个基本特点：一是抽样调查单位的选择是按随机原则抽取的，不受人的主观意志的影响；二是抽样调查可以从数量上推断总体。同时，对于无限总体或总体单位分散的调查来说，抽样调查有着其他调查无法代替的优越性，即经济性、时效性、准确性和灵活性。

抽样调查的特点和它的种种优越性，使它成为统计调查方法的主体，有广泛的应用范围，在社会经济领域和科学实验中发挥多方面的作用，主要有以下几个方面：①抽样调查能够解决全面调查无法或难以解决的问题；②抽样调查可以补充和订正全面调查的结果；③抽样调查可以应用于生产过程中产品质量的检查和控制。抽样调查有多种组织形式，其基本形式有：简单随机抽样、类型抽样、等距抽样、整群抽样和多阶段抽样。关于抽样调查的具体理论和方法，本书将在第八章详述。

四、重点调查

重点调查是一种非全面调查，它是在所要调查的现象总体的全部单位中选择一部分重点单位进行调查，借以从数量上说明总体的基本情况。所谓重点单位是指这些单位在全部总体中虽然数目不多，但就调查的标志值来说却在总体标志总量中占很大的比重。通过对这部分重点单位的调查，即可反映被研究现象的基本情况和基本趋势。例如，要了解我国原油生产的基本情况，只要调查占全国原油产量比重很大的胜利、大庆、中原油田等几个大油田的原油产量即可。又例如，要了解南方某省茶叶的生产情况，只需对黄山、太平、祁门、屯溪、六安等几个主要产茶地区的生产情况进行调查，就可以达到目的。因此，当调查任务只要求掌握总体的基本情况，而总体中确实存在着重点单位时，就可以采用重点调查。重点调查由于重点单位是客观存在的且数目较少，所以调查单位的选择不受主观因素的影响，调查项目可以多一些、了解情况可以细一些、深一些、花费的人力物力财力和时间可以少一些，这就是重点调查的特点。

进行重点调查，关键的问题是要选好重点单位。重点单位的选择确定，应着眼于调查目的和调查单位本身的条件。重点单位可以是一些企业或行业，也可以是一些地区或城市。重点单位选多选少，要根据调查任务来确定。一般来说，选出的单位应尽可能少些而其标志值在总体标志总量中所占的比重应该尽可能大些。选中的单位，管理应比较健全、统计力量应比较充实、统计基础应比较巩固，这样才能准确、及时地取得资料。根据研究问题的不同需要，重点调查既可以采取一次性调查，也可以进行定期调查。一次性调查适用于临时任务。定期调查适用于经常性调查任务，可以颁发定期报表，由选择的重点单位填报，定期观察重点单位的主要技术经济指标的完成及其变动情况。

五、典型调查

典型调查是一种非全面调查，它是根据调查的目的和任务，对所研究的现象总体进行初步分析的基础上，有意识地选取若干具有代表性的或典型意义的单位进行深入调查研究，借以认识被研究对象的特征和发展变化一般规律的调查方法。其特点是：①调查单位是根据调查目的有意识地选择出来的少数具有代表性的单位，因此，容易受人的主观意志的影响，但便于从典型入手，逐步认识到事物的一般性和普遍性；②它是非全面调查，调查单位少，调查方法机动灵活，省时省力，有利于提高调查效果；③它是一种深入细致的调查，既可以搜集有关数字资料，又可以掌握具体生动的情况，有利于探索事物发展变化的规律性；④它可以估计总体，但是不能检验其正确性。

典型调查大体可以分为两种：一种是对个别典型单位进行调查研究，被称为“解剖麻雀”式的典型调查；另一种是对现象总体按与研究目的任务有关的主要标志划分类型，然后再在类型组中选择典型单位进行调查，又称为“划类选典”式的典型调查。在统计工作实践中，就是运用这种典型调查方法来推算估计总体数量特征的。

在统计工作中，典型调查既可以作为统计搜集资料的一种方法，也可以作为分析研究问题的一种工作方法。其主要作用是：①可以用以研究新生事物，抓住苗头，认真地进行调查研究，探索它们的发展方向，总结经验，形成预见，加以推广；②可以补充全面调查和其他非全面调查的不足；③在一定条件下可以利用典型调查资料，结合基本统计数字，估计推算有关数据。

在典型调查的整个过程中，准确地选择典型单位是搞好典型调查，保证调查质量的关键。在选择典型单位时，首先要根据调查目的和任务，进行全面分析与综合比较，了解被研究总体的全面情况和一般水平；然后从各个可供选择的单位中挑选出富有代表性的典型单位。在选择典型时，要反对主观片面，确保选中的单位具有充分的代表性和典型性。例如，为了研究新生事物，就要选择处于萌芽状态的新生事物为典型；为了总结先进经验，就应选择先进典型；为了总结教训，就应选择后进的典型；如果是要研究总体的一般情况或一般规律，就应选择一般的典型。

以上五种统计调查方法各有其特点和作用，也有各自的局限性和不足之处。由于国民经济和社会发展情况复杂、门类众多、变化多端等，因此，在实际统计工作中，应针对不同情况灵活地、因时因地地采用各种调查方法，并尽可能将各种调查方法结合运用，以便取得准确、全面、丰富的统计资料，满足多层次多目的的需要。

第四节　统计调查问卷

采用问卷进行调查始于 20 世纪 30 年代的美国，主要应用于政治选举、商业推销和经济预测等方面，使其逐步成为调查研究中搜集资料的一种主要方式。我国自改革开放以来，也广泛采用调查问卷，研究社会经济领域里的现象和问题，现在已将调查问卷纳入了统计制度的范围，成为统计调查的一个重要组成部分。精心设计的问卷可以从不同的研究对象那里获得具有同样功效的数据。

一、统计调查问卷的类型和结构

通过问卷进行调查是国际上通行的一种统计调查技术。随着国民受教育程度和教育水平的不断提高，问卷调查技术在我国得到了最快的推广和最广范的运用。现代统计调查中采用的问卷是调查者根据调查目的和要求，按照一定的理论假设设计出来的，由一系列问题、调查目的、备选答案、说明解释等组成的，向被调查者搜集统计资料的一种工具，属于调查表的形式之一。

统计调查问卷的作用主要表现为：①能正确地反映调查目的，不仅问题具体，而且重点突出；②在被调查者的积极合作与协助下能较好实现调查目的；③通过书面或口头交流，便于正确反映和记录被调查的内容，获得比较准确的统计调查资料。

采用问卷调查搜集的统计资料的主要特点是：①调查内容标准化、系统化，便于资料的统计处理；②调查范围广、涉及内容多、信息反馈较快，便于调查者在较短的时间内获得比较完整、全面的资料；③便于调查者直接了解被调查者的意见和要求，有利于决策的民主化、科学化。对调查者或决策者而言，采用调查问卷进行调查可以直接了解人民群众对某一决策的支持和理解程度；对被调查者而言，可通过这种形式表达自己的看法和意见，对决策者进行决策产生影响作用，以达到参与决策的愿望。

（一）调查问卷的类型

问卷是实施问卷调查的主要工具。由于调查者的研究目的、调查内容和调查方式不同，决定了调查问卷的类型有多种。按问卷设计人员出题的方式不同，问卷可分为无结构型问卷和结构型问卷，这是调查问卷的两种基本类型。

1. 无结构型问卷

无结构型问卷是指提出的问题未经过一定结构的设计和安排的问卷，只是根据研究目的进行相应的调查，调查人员可以根据需要增减一定的题目和问题。这种问卷的结构较为简单或松散，多用于小样本。在进行调查前，调查者必须备有调查提纲，明确所调查内容的项目。这种问卷对于大样本研究可以产生补助的功效。

2. 结构型问卷

结构型问卷是指由一定数量题目和一定结构所组成的问卷。它是根据调查研究的目的和搜集资料的需要，将所有拟定调查的问题完全印出，其调查问题以及问题顺序不得随意变动，并在问题下面给出答案类型且不得增加或删减。每个被调查者，依据自己的认识和想法来回答每一个问题。在结构型问卷中，问题方式有两类：一是开放式问题，二是封闭式问题。

开放式问题是一种只提问题却不给具体答案，应答者（即被调查者）可以根据自己的想法进行自由作答的问题类型。例如，“您喜欢看《焦点访谈》这一栏目吗?”，“您对目前我国国有大中型企业经济效益状况的评价如何?”，“造成某类商品市场疲软的主要原因是什么?”，“您常喝哪些饮料?”等。开放问题的优点在于：一是利于探索性研究；二是可使用于问卷表上所列问题种类过多时；三是能给回答者以较多的创造性或自我表现的机会；四是调查者获得的资料往往比较丰富而生动。但开放式问题也有其缺点，主要表现在：一是无法排除无价值和不确切的信息；二是回答的问题往往是非标准化，调查结果不易处理，无法进行深入的定量分析；三是回答开放式问题需要较高的文化水平，因而调查对象的选择受到一定的限制；四是常常需要占用回答者较多的时间和精力，回答率较低。开放式问题的回答一般只包括一个供回答者填写的空白空间，因此调查研究人员要根据不同问题留有足够的空间，以便应答者自由表述。例如：您的年龄？____岁。

封闭式问题是一种需要应答者（即被调查者）从一系列应答选项中作出选择的问题。即对每一个问题都事先列出了若干个可能的答案，由应答者根据自己的情况在其中选择认为恰当的一个答案。例如，“您经常去图书馆借书吗?”答案有：“经常去、偶尔去、不去”，等等。封闭式问题的优点是：一是答案标准，易于统计定量分析；二是问题具体且清楚，被调查者容易且愿意回答，可获得较高的回收率，调查所得资料的可信度比较高。其缺点也很明显，主要表现在：一是它对问题的答案作了限定，被调查者的创造性受到了限制，不利于发现新问题；二是它很容易被一个不知道如何回答或对该问题没有看法的回答者随便乱答，影响调查结果的正确性；三是它也容易使一个找不到合适答案的回答者不回答；四是其答案设计的难度大，选项的顺序及范围确定不当会带来调查误差。

封闭式问题的回答，其答案类型一般有以下三种：

(1) 定类尺度。它是根据问答的可能选择数目设计的。对于有确定答案的定类问题，实践中最常用的方式是把各个问答类型放在问题后面，并留出空格供被调查者画勾选择。一种是两项式，即只有两种答案的回答方式。这是最简单的问卷方式，它适用于对互斥问题的选择。

例如：您有数码相机吗？　有（　）　　无（　）

另一种是多项式，即列出两个以上的答案由被调查者根据自己的实际情况自由选择。它适用于对几种互不排斥的问题的选择。

例如：请问您在选购空调时，认为哪一种性能最重要？（请在您选择的答案后面画√）

价格低（　）省电（　）冷暖两用（　）使用方便（　）经久耐用（　）

（2）定序尺度。它是把各类事物按一定特征的大小、强弱、高低等顺序排列起来而作的一种设计。在问卷调查中，意见和态度问题较多，它们常常是序列型的。这种答案类型的标示同定类尺度一样，也是在空格内画勾或在数目上画圈。所不同的是定序尺度通常带有主观性，它必须由调查者事先确定。

例如：请问您对服装市场的价格规范情况是否感到满意？

满意(　)　比较满意(　)　无所谓(　)　不满意(　)　很不满意(　)

（3）定距尺度。它是按照一定的组距分组排列的一种回答种类。它通常是连续的而不是分散的。在实践中，对于连续型变量，如产值、收入、年龄等，因其不可能全部包含于封闭式问题中，可以考虑设置若干间距，重点考察有关变量大致处于怎样的水平。

例如：您的年龄为：18 岁以下、18 ~ 60 岁、60 岁以上

您现在的月收入是多少？500 元以下、500 ~ 1000 元、1000 ~ 1500 元、1500 元以上

由于收入、年龄等往往是较为敏感的问题，运用间距量度，被调查者可能更愿意回答。

综上所述，由于两种问题各有所长，又各有所短，调查者可根据实际情况选用。为了弥补各自的不足，在实际操作中许多问卷都是两种问题形式结合使用。

此外，调查问卷按填写方式不同，可分为自填式问卷和访问式问卷。按问卷问题所要实现的目的不同，可分为主题问卷和过滤问卷。

（二）调查问卷的结构

一份完整的调查问卷通常由问卷标题、说明信、被调查者的基本资料、调查主题内容、问卷编码和作业说明等部分构成。

1. 问卷标题

问卷标题概括说明调查研究的主题，即问卷的主题。它要准确概括地表达问卷的性质和内容，使被调查者对调查的问题有一个大致的了解。标题应突出主题、言简意赅、观点新颖，富有吸引力和感染力。例如："居民商品房消费情况调查问卷"、"大学生思想状况调查问卷"等。问卷标题要引起被调查者的兴趣，不要给被调查者以不良的心理刺激。

2. 说明信

说明信一般放在问卷的开头，是致被调查者的一封短信，常以简短的信函形式出现，所以又称封面信。它是就问卷的问题所做的说明，是调查者与被调查者沟通的媒介，旨在向被调查者说明调查的目的、意义、填表须知等，引起被调查者的高度重视和兴趣，争取他们的支持和合作。说明信一般由称谓、调查的出发点和目的、调查和被调查者自身利益关系、回答问题的原则和具体要求以及双方责任、对有关问题的解释、联系人等内容组成。说明信使用的文字要简明准确、态度诚恳、口吻亲切，以打消被调查者的疑虑，并使之引起共鸣，产生兴趣，取得真实资料。写好说明信，取得被调查者的支持与合作，是问卷调查取得成功的必要保证。

课堂练习与活动

某高职院校本学期准备进行“大学生思想状况调查”，请您撰写一份“大学生思想状况调查”问卷说明信。

3. 被调查者的基本资料

被调查者的基本资料是指对被调查者基本情况所做的必要说明和记录，这是对调查资料进行分类研究的基本依据，有利于对被调查者的了解。一般来说，被调查者包括两大类：个人和单位。如果被调查者为个人，则其基本情况包括：姓名（采用不记名调查时，可以省略）、性别、民族、年龄、文化程度、职业、婚姻状况、职务或专业技术职称、个人或家庭收入、居住地等内容；如果被调查者是企事业等单位，则其基本情况包括：名称、经济类型、职工人数、规模、资产、产品等内容。

4. 调查主题内容

调查主题内容是指问卷调查所要了解的基本内容，它是调查问卷的主体。调查资料的搜集主要通过这一部分来完成，也是使用问卷的目的所在。调查主题内容主要包括人的行为调查、人的行为后果调查、人的意见态度和感觉调查等。这一部分设计的如何，直接关系到该项调查有无价值和价值大小。通常在这一部分既要提出问题，又要给出回答方式。问题从形式上看，有开放式与封闭式之分；从内容上看，又有背景问题、行为问题、态度问题与解释问题之别，等等。其具体内容视调研目的和任务而定。

5. 问卷编码

问卷编码是将调查问卷的调查项目变成数值代码的过程。为了使计算机能对问卷进行定量分析，便于分类整理，多数调查问卷需要对调查事项的问题和答案进行编码，即用事先规定的“代号”来表示某些事物以及不同状态的信息。问卷编码包括问题次序的编码和便于计算机进行处理的有关编码。对封闭式问题一般采取预编码，对开放式问题一般采用后编码。

6. 作业说明

作业说明是指明确调查人员完成调查任务的状况和相关责任的证明材料。其主要内容包括：调查人员姓名、编号、审核员姓名、调查时间、问卷编码、被调查者姓名、职业等。它可置于问卷标题之前，也可置于问卷标题之后。其主要作用是明确调查人员的责任，便于检查问卷完成的质量。问卷的最后部分通常可以写上几句短语，对被调查者的合作表示感谢，或征求被调查者对问卷设计和问卷调查的意见和感受。

二、调查问卷的设计程序和应注意的问题

（一）问卷设计的程序

设计调查问卷的目的是为了更好地进行市场信息搜集，因此，调查问题的设计必须以调查目的和调查对象的特点为依据，同时充分考虑调查资料整理和分析的需要，力求取得被调查者的充分合作，从而保证所获得的信息准确有效。问卷设计一般要经过以下几个主要环节：初步探索、设计初稿、试用和修改等。

1. 初步探索

所谓初步探索是把抽象化的调查内容转化为比较具体的问卷问题。在初步设计过程中可采用征求意见和选点试验的形式来进行,使问卷问题更符合客观实际。

2. 设计初稿

设计初稿是在初步探索的基础上设计问卷问题和答案，其常用的方法是卡片法和框图法。所谓卡片法是先从每一个具体问题的设计开始，接着将具体问题分门别类进行组合归类，最后在各组（或类）的基础上形成整个调查问卷。所谓框图法是先从总体入手，然后分析总体中各个组成部分，最后依次设计出每个部分的具体问题。在实际工作中，为取得更好的效果，一般把两者结合起来使用。

3. 试用和修改

试用和修改就是利用试点调查所获得的资料对问卷进行再修改。其一是请有关专家对问卷初稿进行评审，如问卷的结构、问卷的版式、问题的表述等，并提出进一步修改的意见；其二是选择被调查者进行试填来搜集意见和建议。然后，做最后的修订并形成正式的调查问卷。

此外，有关问卷问题类型设计、问卷问题方式设计、问卷问题答案设计、问卷形式设计等内容在此不一一赘述，请同学们参考相关教材的有关内容进行自学。

（二）问卷设计应注意的问题

问卷设计是一项耐心而细致的工作，即使是有经验的调查者在进行这项工作时也要对每一个问题进行仔细、反复的推敲，否则问卷结果就达不到调查的目的。当然初学者就更应该认真对待，不能草率行事。一般来说，在设计问卷时应注意下列问题：

1. 设计问卷时，要考虑被调查者的回答能力

问卷中的问题，都是要由被调查者来回答的，所以在问卷设计时，要从被调查者的角度考虑，使所设计的问题能够符合被调查者的回答能力。凡是被调查者不理解、不了解或不愿意回答的问题，均不应提出，否则将使回答者因产生畏难情绪而拒绝填写。所以所提出问题的难易程度应尽量与被调查者的知识水平和阅读能力相一致。

2. 问卷中问题的数目要适中

有的问卷长达数十页，问题太多，回答问题时间太长，从而容易使回答者产生一种厌烦和畏难情绪，而最终放弃填写。问卷中的问题不是多多益善，而是要由研究主题确定。一般来说，回答问题的时间应是最多不能超过半个小时。

3. 注意文字表达

问卷法是以问卷向被调查者发问，因此文字表达要严格，具体要求是：用大家熟悉的询问，力求大家都懂；文字要简练；表述要具体，易于操作。

4. 注意问卷问题的先后顺序

这一点有时容易被设计者所忽略。合理的问答顺序能收到良好的调查效果。一般来说，编排问卷问题的顺序应遵循的原则是：

（1）先易后难。把简单问题放在前面，比较难的问题放在后面；熟悉的问题放在前面，陌生的问题放在后面；封闭式问题放在前面，开放式问题放在后面。

（2）先事实后观念。把同一性质和类型的问题排在一起，先排列事实、行为方面的问题，后排列观念、态度方面的问题。

（3）按时间先后顺序。这样被调查者能按照由过去到现在或由现在到过去的思路连贯

作答。

（4）先轻松后严肃。把轻松的能引起被调查者兴趣的问题放在前面，把易使被调查者顾虑的敏感问题放在后面。

此外，还要注意问卷纸张质地要良好，不易破损，字迹印刷清晰等。

本章知识架构

- 统计调查方法
  - 统计调查的意义
    - 统计调查的含义
    - 统计调查的基本任务
    - 统计调查的基本要求（准确性、及时性、完整性）
  - 统计调查的种类
    - 按调查对象的范围分（全面调查、非全面调查）
    - 按调查登记的时间分（经常性调查、一次性调查）
    - 按调查的组织形式分（统计报表、专门调查）
    - 按搜集资料的方法分（直接调查、派员调查、凭证调查、问题调查）
  - 统计调查方案
    - 调查目的
    - 调查对象和调查单位
    - 调查项目和调查表
    - 调查时间和调查时限
    - 调查的组织实施计划
  - 统计调查方法
    - 统计报表（含义、特点、作用、资料来源）
    - 普查（含义、特点、作用、组织形式、原则）
    - 抽样调查（含义、特点、作用）
    - 重点调查（含义、特点、作用、重点单位的选择、方法）
    - 典型调查（含义、特点、作用、典型单位的选择、方法）
  - 统计调查问卷
    - 问卷的类型与结构
    - 问卷设计的程序与注意的问题

复习思考题

1. 什么是统计调查？统计调查的基本任务是什么？
2. 统计调查有哪些基本要求？
3. 统计调查是如何分类的？
4. 一份完整的统计调查方案应包括哪些内容？
5. 我国现行的统计调查方法及统计调查方法体系是什么？
6. 举例说明“调查对象、调查单位和填报单位”的关系如何？
7. 调查问卷的基本结构包括哪几个部分？
8. 问卷设计中要注意哪些问题？

案例分析

为了研究北京市、上海市、天津市三个城市若干主要行业职工的经济状况和生活水平，欲进行一次统计调查，你能为该项调查活动设计一个调查方案吗？

分析如下：

城市职工家庭基本生活的调查方案

一、调查目的

通过一次性调查，了解职工家庭人口、就业人口、现金收入和生活费收入情况，以便研究城市若干主要行业职工的经济状况和生活水平。

二、调查对象和调查单位

以抽取的被调查地区主要行业的国有和集体企业（事业）单位职工家庭为调查对象。被抽选的每个职工家庭为调查单位。

三、调查项目和调查表

1. 调查项目

（1）职工家庭人口数、就业人口数、退休人口数等；

（2）职工家庭的全部收入和全部生活费收入。

2. 调查表

（1）表一：家庭成员基本情况表；

（2）表二：家庭成员收入情况表；

（3）家庭生活基本情况表（表式略）。

四、调查时间和调查时限

调查时间：调查2011年12月份情况（注：人口数的调查时间为2011年12月底）；调查时限：一个月，即2012年1月31日前结束。

五、调查的组织实施计划

各被调查地区指定专人负责调查工作的组织实施，其主要任务是：

（1）组织被调查企事业单位和被调查人员的抽选；

（2）选调和培训调查员；

（3）进行宣传动员工作；

（4）组织填表和实施调查工作；

（5）资料的搜集、审核、整理、汇总上报。

第 三 章

统计整理方法

统计整理在统计工作中起着承前启后的作用。

学习目标

统计整理是统计工作过程的中间环节，它既是统计调查的继续，又是统计分析的前提。通过本章的学习，要求明确统计整理的意义，了解统计整理的基本程序，理解并掌握统计分组的基本方法，熟悉统计汇总的组织形式和基本技术，能够根据调查资料编制次数分配数列。

第一节 统计整理概述

一、统计整理的意义

统计整理是根据统计研究的目的要求，对统计调查所得的原始资料进行科学的分类、汇总，或对已初步加工的资料进行再加工，使之成为系统化、条理化的综合资料，以反映现象总体特征的工作过程。

统计整理对于统计工作具有重要的意义：①统计整理是整个统计工作过程的中间环节，是统计调查的继续、统计分析的前提，具有承前启后的作用。②统计整理还是从社会经济现象个体量的观察到对社会经济现象总体量认识的连接点，能实现由个别到整体、由特殊到一般、由现象到本质、由感性到理性的转化。

二、统计整理的内容和程序

（一）统计整理的内容

针对调查得来的统计资料的特点，统计资料整理的内容主要有两种：一是对原始资料的整理，其目的是将大量的说明总体实际情况的个体资料经过审核、分组、汇总，最终以统计指标的形式来说明总体的特征、规律性。二是对次级资料的整理，其目的是为了保证统计资料的动态可比性，由于不同时期客观环境变化，所以要求统计的方法、口径、范围等也要随之变化，因此，必须对历史资料按照新的统计方法和要求进行重新调整和整理。

（二）统计整理的程序

一项完整的统计整理工作，一般要经过以下基本程序：

1. 设计统计整理方案

正确地制定整理方案是保证统计整理有计划、有组织地进行的首要步骤，也是统计设计在统计整理阶段的具体化，方案的好坏直接关系到整理工作的质量。整理方案的内容一般有：明确规定分组标志、分类目录和各项汇总的统计指标；科学地设计各种整理表格；选择资料汇总的形式和方法；确定与历史资料的衔接方法等。

2. 对原始资料进行审核

统计调查虽然要求做到准确、及时和全面，但由于种种原因，所得调查资料仍会存在某些问题。为了保证统计资料的质量，在具体整理之前，必须对调查资料进行严格的审查、核对，审核的内容是资料的准确性、及时性和完整性。其中，准确性的审核是重点，主要有两种审核方法：一是逻辑审核，就是审核调查资料的内容是否合理，项目有无相互矛盾的地方，以及与有关资料进行对照，从中发现逻辑上的矛盾。二是计算审核，就是利用平衡或加总关系审核调查表或报表中各项数字在计算方法和结果上有无差错，计量单位有无与规定不符的地方等。

3. 对原始资料进行分组和汇总

根据统计整理方案的要求，按已确定的分组标志（分类目录）、汇总组织形式和具体方法，对调查资料进行分组汇总，计算各组的单位数和总体的单位总数，计算各组的指标数值和总体的指标总量。在统计整理阶段，大量的、具体的、主要的工作，就是对原始资料进行分组汇总和计算。

4. 对整理好的资料进行再审核

对整理好的资料进行再一次审核，以修正在汇总、计算过程中发生的各种差错。

5. 编制统计表或绘制统计图

把整理好的统计资料用统计表或统计图的形式表现出来，以简明扼要地表达社会经济现象在数量方面的有关联系。

第二节 统计分组和分配数列

一、统计分组

（一）统计分组的含义和作用

1. 统计分组的含义

统计分组就是根据统计研究的目的和任务，将统计总体按照一定的标志区分为若干个组成部分的一种统计方法。例如，把所有大学生按学科类别可以分为理科、工科和文科；将工业企业总体按生产规模区分为大、中、小型三类等。统计分组同时具有两方面的含义。对总体而言是“分”，即将总体区分为性质相异的若干部分；对个体而言是“合”，即将性质相同的个体组合起来。通过统计分组，使同一组内的各单位在分组标志上性质相同，不同组之间的性质相异，这样就能揭示现象内部各部分之间存在的客观差异，表明事物的本质和规律。对统计总体进行分组，是由统计总体的“变异性”特征所决定的。统计分组实质是在统计总体内部进行的一种定性分类。

2. 统计分组的作用

（1）区分事物的性质。统计分组可以把现象总体划分为性质不同的若干组成部分，以反映事物的不同特征和属性。例如，研究某地商业企业时，可以从所有制形式，经营规模来区分商业企业的不同性质。

（2）研究总体的内部结构。将社会经济现象总体按照某个标志分成若干组成部分，并计算其总体内部各组成部分占总体的比重，揭示总体内部的构成，反映它们之间的相互关系，从而揭示总体结构的特征或结构的类型。例如，人口的年龄构成可以表明人口发展的类型特征。

（3）表明现象之间的数量依存关系。一切社会经济现象都处在相互联系、相互依存、相互制约之中。通过科学分组可以揭示这种关系及其在数量上的表现。例如，工业企业中劳动生产率与利润之间、商业企业中商品销售额与流通费之间等，都存在着密切的依存关系。

（二）统计分组的原则

统计分组除了在内容方面反映各组之间的性质差异，还要在方法上保证资料的完整性和真实性，因此，统计分组在方法上必须遵循两个原则：

1. 穷举原则

“穷举原则”是要求统计分组必须保证总体的每一个单位都能归入其中的一个组，各个组的单位数之和等于总体单位总量，违背了这一原则，就会损害统计资料的完整性，从而也就失去了统计资料的真实性。

按照“穷举原则”分组，主要解决两方面问题：一是分组的范围必须涵盖总体各单位在分组标志上的全部表现。按品质标志分组时，组数是品质标志的全部类型。例如，按人口性别分组，就必须分为“男”、“女”两组；按变量分组时，所分的组必须能包含所有的变量值。二是变量之间必须衔接。

2. 互斥原则

“互斥原则”要求分组标志的表现互不相同，互不交叉，必须保证总体的每一个单位只能属于其中的一个组，不能出现重复统计的现象。在具体分组过程中，为了保证各组之间不重复登记，按品质标志分组较简单，着重对各组范围、性质进行界定。在按变量分组时，重点注意相邻组之间界限值上的单位归属问题，即统计上的一般处理方法：分两种情况：一是对于正指标，即越高越好的现象，按“上限不在内”原则归属。二是对于逆指标，即越低越好的现象，按“下限不在内”原则归属。

（三）统计分组的种类

1. 品质标志分组和数量标志分组

根据分组标志的性质不同，统计分组可分为品质标志分组和数量标志分组。品质标志分组是指按反映研究对象属性特征的品质标志对总体进行的分组。例如，人口按性别、民族、职业、城乡等标志分组；工业企业按经济类型、隶属关系等标志分组。数量标志分组是指按反映事物数量特征的数量标志分组。例如，人口按年龄分组；企业按产值分组等。数量标志分组又可分为单项式分组和组距式分组两种。单项式分组是以一个变量值代表一个组，例如，工人按看管机器台数分为看管 1 台、2 台、3 台等；组距式分组是以两个变量值界定的一个区间代表一个组，例如，学生按成绩分为 50 ~ 60 分、60 ~ 70 分、70 ~ 80 分、80 ~ 90 分、90 ~ 100 分五个组。

2. 简单分组和分组体系

根据分组标志的多少不同分为简单分组和分组体系。简单分组是指对总体只按某一个标志进行的单一分组。简单分组对于总体而言，只能反映其某一方面的构成情况，说明某一方面的差异，因此，只用简单分组不能对总体作深入细致的分析。分组体系是指对同一总体按两个或两个以上的标志进行分组，由于分组标志排列形式的不同，分组体系又可以分为平行分组体系和复合分组体系（又称复合分组）。平行分组体系是指对同一个总体按照两个或两个以上的标志分别进行简单分组形成的分组体系，即分组标志之间的关系属于平行关系。复合分组体系是对同一总体按两个或两个以上的标志结合起来进行层叠分组形成的分组体系。例如，全国人口总体可先按性别分组，然后在此基础上再按年龄分组（见图3 - 1）。

全国人口总体
- 男性
  - 0 ~ 14 岁
  - 15 ~ 64 岁
  - 65 岁及以上
- 女性
  - 0 ~ 14 岁
  - 15 ~ 64 岁
  - 65 岁及以上

图 3 - 1

不难看出，复合分组可以同时反映总体多方面的复杂结构，因而，便于对总体做出比较全面、深入的分析。但也应看到，这种分组随着分组标志的增多，组数将会成倍地增加。各组内的单位数就会相应地减少。如果组数过多，组内单位数过少，就会使得组间差异不甚明显而达不到分组的目的。因此，复合分组的分组标志不宜选得太多，有二三个即可。同时要注意分组标志的主次顺序，第一层分组一定要抓住最主要的标志。

（四）统计分组的一般方法

1. 统计分组的关键

统计整理的关键在于统计分组，而统计分组的关键问题在于选择分组标志和划分各组界限。

（1）选择分组标志。分组标志一经选定，必将突出总体在此标志下的性质差异，而将总体在其他标志下的性质差异掩盖起来。因此，统计分组必须选择能够反映和决定事物本质属性的标志作为分组标志。分组标志的选择，决定着分组是否科学、是否符合研究目的，是否反映事物的本质。

（2）划分各组界限。统计分组在总体范围内，通过区分不同单位之间的性质差异，来揭示事物发展的特征和规律，因此，统计分组必须准确地确定各组之间的界限。各组之间的界限应该是性质上的变化界限。

2. 统计分组的方法

（1）品质标志分组方法。按品质标志分组，是指选择品质标志后，根据其变异范围区分各组界限，将总体划分为若干个性质不同的组成部分。例如，研究人口构成状况时，可按“性别”分组，划分为男和女；按“文化程度”分组，划分为大学及以上、高中、初中、小学、半文盲和文盲；按“民族”分组，划分为汉族、少数民族等。按品质标志分组时，对品质范围的确定也会涉及数量界限问题，只不过这种数量界限不会在分组时直接表现出来。例如：把工业企业分为“大型”、“中型”和“小型”三种类型，这里就存在各类之间的数量界限问题。

按品质标志分组在有些情况下比较简单，即分组标志一经确定，各组的特征也同时确定，组与组的界限十分清晰。如人口按性别分为男、女两组等。但在有些情况下，按品质标志分组显得比较复杂，组与组的界限不易划分。对这些复杂问题的分组，统计上常称为分类。分类法在统计工作中发挥着重要作用，如国民经济部门分类、产品分类、职业分类等。分类不仅涉及复杂的分组技术，而且也涉及国家的政策和科学理论，因而要十分慎重。为了保证各种分类的科学性、统一性和完整性，便于各个部门掌握和使用，国家统计局会同有关部门制定了统一的分类目录，在全国范围内实行。如商品分类目录、工业产品分类目录、工业部门分类目录等。

（2）数量标志分组方法。按数量标志分组，是指选择数量标志，根据其变异范围区分各组界限，将总体划分为若干个性质不同的组成部分。例如，研究居民家庭贫富状态时，按恩格尔系数（即食品类支出占整个居民家庭消费支出的比重）分组，将其在60%以上的划分为贫困家庭，50%～60%的为温饱家庭，40%～50%的为小康家庭，40%以下的为富裕家庭。按数量标志分组，并不是单纯地确定各组间的数量差异，而是要通过分组体现的数量变化来确定现象的不同性质和不同类型。因此，根据变量值的大小来准确划分性质不同的各组界限并不容易，这要求我们在按数量标志分组时，首先分析总体中可能有多少种性质不同的组成部分，然后再研究确定各组成部分之间的数量界限。按变量分组时，有些情况有明确规定的，或约定俗成、或大家公认，这种情况下的分组界限容易确定，例如，按考试成绩分组，百分制情况下，60分以下为不及格。但是，在很多情况下，分组界限难以确定，在各组之间的性质差别不明显时，可以把计算、表示的方便因素考虑进去，尽量按整数或整数的倍数形式确定分组界限。

课堂练习与活动

某管理局20个企业按计划完成程度不同分为三组：第一组为80%～100%，第二组为100%～120%，第三组为120%以上。现有一企业计划完成100%，应归入第几组？为什么？

二、分配数列

（一）分配数列的含义及种类

1. 分配数列的含义

在统计分组的基础上，将总体的所有单位按组归类、排列，形成总体中各个单位在各组间的分配，称为分配数列或称分布数列。分布在各组的个体单位数叫次数或称频数。各组频数与总频数之比称比率，又称频率。分配数列可以反映总体中所有单位在各组间的分布状态和分布特征，它是统计资料整理的一种重要形式。分配数列包括两个基本要素：①组名（组别）：可以是品质组名，也可以是变量组名。②次数（或频率）。

2. 分配数列的种类

根据分组标志种类的不同，分配数列分为品质数列与变量数列两种。

（1）品质数列。按品质标志分组形成的分配数列称为品质数列。例如，某地区职工按性别分组，可编成如表3－1的品质数列。

表3－1　某地区职工性别构成表

性　别	人数（人）	频率（%）
男	120000	40.0
女	180000	60.0
合　计	300000	100.0

（2）变量数列。按数量标志分组形成的分配数列称变量数列。例如，某机械厂工人按日产机器零件分组，可编成如表3－2的变量数列。

表3－2　某机械厂工人按日产机器零件分组

日产量（件）	工人人数（人）	频率（%）
8	10	4.0
9	30	12.0
10	60	24.0
11	70	28.0
12	50	20.0
13	22	8.8
14	8	3.2
合　计	250	100.0

变量数列按照分组时包含的变量值的多少不同，又可以分为单项式数列与组距式数列。

①单项式数列。单项式数列是指数列中的每个组只用一个变量值来表示的数列。按离散型变量分组，若变量值少且变异范围较小，适宜采用单项式分组。如表 3－2 中表明工人生产的机器零件是离散型变量，其最小值为 8 件，最大值为 14 件，其变动的幅度也不大，所以，适宜编制单项式数列。

②组距式数列。组距式数列是指用一定范围的变量值为一组的数列。按离散型变量分组，若变量值多且变异范围较大，则采用组距式分组为宜；而按连续型变量分组一般只能采用组距式分组，如表 3－3 所示。

表 3－3　　某企业工人按月工资的分组

工资（元）	工人人数（人）	频率（%）
800 以下	7	4.0
800～1000	12	7.5
1000～1200	24	15.0
1200～1400	35	21.9
1400～1600	42	26.2
1600～1800	30	18.7
1800 以上	10	6.3
合　计	160	100.0

在组距式数列中，每个组的最大值为组的上限，最小值为组的下限，上限与下限之差称为组距，即：

组距＝上限－下限

组距式数列掩盖了各组的实际变量值。为了反映分配在各组中个体变量值的一般水平，往往用组中值代表。

组中值＝（上限＋下限）/2＝下限＋组距/2＝上限－组距/2

在组距式数列中，有上限无下限或有下限无上限的组称为开口组。如表 3－3 第一组是有上限而无下限，最后一组是有下限而无上限。

计算开口组的组中值，需要借用邻组的组距来确定。缺下限有上限的开口组，其组中值的计算方法为：

缺下限的开口组组中值＝上限－邻组组距/2

如表 3－3 中第一组的组中值为：800－200/2＝700。

缺上限的开口组组中值＝下限＋邻组的组距/2

如表 3－3 最末一组的组中值为：1800＋200/2＝1900。

用组中值代表组内变量值的一般水平有一个前提，即各单位的变量值在本组范围内均匀分配或在组中值两侧呈对称分布，而实际完全具备这一前提是不可能的。因此，组中值只是代表组内变量的一般水平的近似值。

组距式数列有等距和不等距（异距）之分。数列中每组的组距都相等的叫等距数列。

这种分配数列一般适用于那些标志变动比较均匀的现象。所谓不等距数列是指数列中各组的组距不相等。这种数列主要用于那些标志变动不均匀的现象，或变量本身变动规律较明显的现象。例如，按人的成长年龄阶段编制异距数列时可分为0～3岁、3～7岁、7～18岁、18～60岁、60岁以上等各组，以反映人在婴儿期、幼儿期、青少年期、成年期（具有劳动能力）、老年期等各个年龄段的表现。

课堂练习与活动

在对城市居民家庭按家庭成员数分组时，适宜用单项式分组还是组距式分组？为什么？

（二）变量数列的编制步骤

1. 单项式数列的编制步骤

（1）将原始资料按变量值大小的顺序排列；

（2）按变量值分为若干组；

（3）设计整理表，整理出变量值出现的次数。

2. 组距式数列的编制步骤

（1）排序并计算全距。将原始资料按标志值大小顺序排列，并确定最大值与最小值。将最大值与最小值相减就得到全距，说明标志值的变动范围，根据全距的大小，可大致看出现象的集中或分散的程度。

例如，2011年某管理局下属40个企业产值计划完成百分比（%）资料如下：

87 97 88 123 115 119 158 112 146 113 126 117 108 105 110 107 137 120 136 107 108 125 142 118 103 114 119 105 117 129 129 138 100 92 95 127 104 113 120 126

经过排序：

87 88 92 95 97 100 103 104 105 105 107 107 108 108 110 112 113 113 114 115 117 117 118 119 119 120 120 123 125 126 126 127 129 129 136 137 138 142 146 158

说明各企业产值计划完成情况有差异，差异程度为158% －87% =71%，表明变动幅度为71%，但多数企业完成计划情况集中在100%～130%之间，130%以上和100%以下都很少。

（2）确定组数与组距。全距确定后，就可进而决定分组数目和组距大小。全距一定情况下，组距和组数成反比关系。组距愈大，组数愈少；组距愈小，组数愈多。至于对组数和组距如何确定，不能做统一规定。在我们大致了解原始材料分布集中趋势的基础上，对二者都要有考虑。

确定组距的一般原则是考虑组内的同质性和能反映总体分布的特点或原始资料的集中程度和实际情况，组距为等距式与不等距式或闭口式与开口式。通常组距可以根据下述三种情况来确定：①在全距内的变量值变动比较均衡的资料适用等距分组，这样便于直接比较各组次数；②在变量值分布不规则，有疏有密的资料中，适用不等距数列；③有特小或特大的极端数值的资料，适用在第一组或最后一组定为开口组。该例中，原始资料变量值有极端数值，需将第一组和最后一组定为开口组，但多数企业完成计划情况集中在100%～130%之间，且比较均衡，可进行等距分组，组距确定为10%。

确定了组距后，需确定组数。在100%～130%之间可确定3组（130%－100%＝30%，30%/10%＝3），然后，再确定两个开口组，即100%以下、130%以上。

（3）确定组限。组限的确定，要根据所研究的变量性质而定，综合起来应考虑以下几点：

①对于正指标，按“上限不在内”原则归属，要求最小组的下限要低于或等于最小值，最大组的上限要高于最大变量值；对于逆指标，按“下限不在内”原则归属，要求最小组的下限要低于最小值，最大组的上限要高于或等于最大变量值。

②组限的确定应有利于表现总体分配的规律性，应反映出事物的变化。

③对于连续变量分组，须采用重叠组限，即一个数值作为相邻两组的上、下限；对于离散型变量分组，可采用间断组限，即顺序两个数值作为相邻两组的上、下限。

（4）计算次数，编成组距式数列。根据以上编制组距式数列的方法，可根据前面所举40个企业产值计划完成百分比（%）资料计算出次数，最后编制成分配数列。如表3－4所示。

表3－4 某管理局所属企业产值计划完成百分比资料

计划完成程度（%）	企业数（个）
100以下	5
100～110	9
110～120	11
120～130	9
130以上	6
合计	40

课堂练习与活动

某班40名学生的统计学考试成绩（分）为：78、80、86、81、88、87、70、81、75、65、90、90、62、72、78、87、77、82、93、90、92、85、75、67、58、63、46、84、76、72、52、88、80、91、69、89、74、89、60、72。要求对该班考试成绩进行整理，编制成分配数列。

（三）频数与频率

频数与频率前面已经提到，这里进一步来说明它的意义和作用。在变量数列中，各组标志值的频数或频率越大，则组内标志值对全体标志水平所起的作用也越大；相反，各组标志值的频数或频率越小，则组内标志值对总体标志水平所起的作用也越小。因此，我们在整理和分析问题时，不仅要注意各组标志值的变动范围，同时，也要注意各组标志值所对应的次数或频率的大小。

在研究频数和频率分布的时候，我们常常还需要编制累计频数数列和累计频率数列。变量数列的累计频数或累计频率按照观察问题的角度不同，可分为两种：

1. 向上累计

向上累计即从最小标志值向最大标志值的方向累计。这样累计的每一个结果都可以直接说明，在某一个标志值以下共有多少个单位数及其所占比重。

2. 向下累计

向下累计即从最大标志值向最小标志值的方向累计。这样累计的每一个结果都可以直接说明，在某一个标志值以上共有多少个单位数及其所占比重。

现根据某地区50户家庭人均月生活费支出资料，说明这种数列的编制方法，如表3－5所示。

表3－5　　某地区50户家庭人均月生活费支出资料

居民家庭人均月生活费支出（人/元）	户　数（户）	频　率（%）	向上累计		向下累计	
			频数（户）	频率（%）	频数（户）	频率（%）
300～325	4	8	4	8	50	100
325～350	6	12	10	20	46	92
350～75	8	16	18	36	40	80
375～400	12	24	30	60	32	64
400～425	9	18	39	78	20	40
425～450	5	10	44	88	11	22
450～475	4	8	48	96	6	12
475～500	2	4	50	100	2	2
合　　计	50	100	—	—	—	—

表3－5中，向上累计的第一组说明在50户家庭中，人均月生活费支出在325元以下的有4户，占总数的8%，第二组说明人均月生活费支出在350元以下的有10户，占总数的20%，等等；向下累计的第五组表示在50户家庭中，人均月生活费支出在400元以上的有20户，占总数的40%，第三组说明人均月生活费支出在350元以上的有40户，占总数的80%。这就是累计频数或累计频率的真正含义。

（四）次数分布的主要类型

各种不同性质的社会经济现象都有着特殊的次数分布。概括起来，主要有下列三种类型：钟形分布、U形分布、J形分布。

1. 钟形分布

钟形分布的特征是“两头小，中间大”，即靠近中间的变量值分布的次数多，靠近两端的变量值分布的次数少。如果次数分配是完全对称的，称为对称分布或正态分布；如果次数分配并不是完全对称的，称为非对称分布或偏态分布。

正态分布的特征是中间变量值分布的次数最多，两侧变量值分布的次数则随着与中间变量值距离的增大而逐渐减少，形成以中心轴为中心的两边对称分布，如图3－2所示。许多社会经济现象变量的分布都趋近于正态分布。例如，居民家庭人均月生活费收入、学生成绩的分布等。

在非对称分布中，变量值出现次数最多的不是位于中心轴所在的组，而是偏离于中心轴所在的组，或者偏向于变量值低的组，此时的分布称为右偏分布，如图3－3所示；或者偏向于变量值高的组，此时的分布称为左偏分布，如图3－4所示。

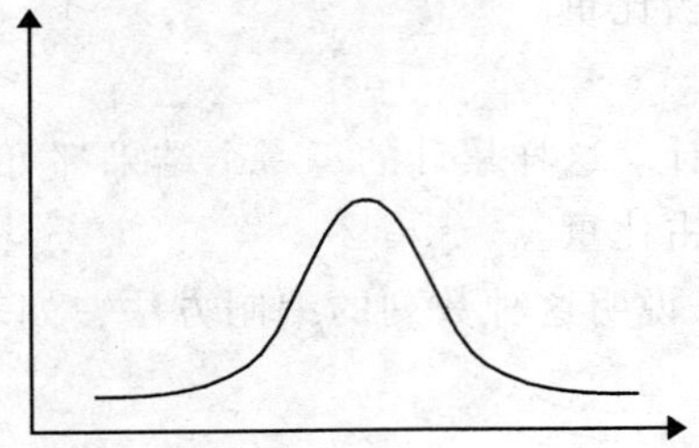

图3－2 正态分布

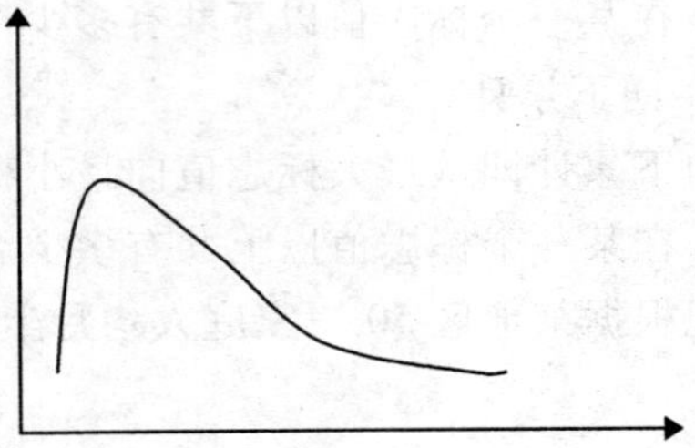

图3－3 右偏分布

2. U形分布

U形分布的特征与钟形分布恰恰相反，靠近中间的变量值分布的次数少，靠近两端的变量值分布的次数多，形成“两头大，中间小”的分布特征，如图3－5所示。如按年龄分组的人口死亡率表现为U形分布，因为人口总体中幼儿死亡人数和老年死亡人数均较高，中年死亡人数最低。

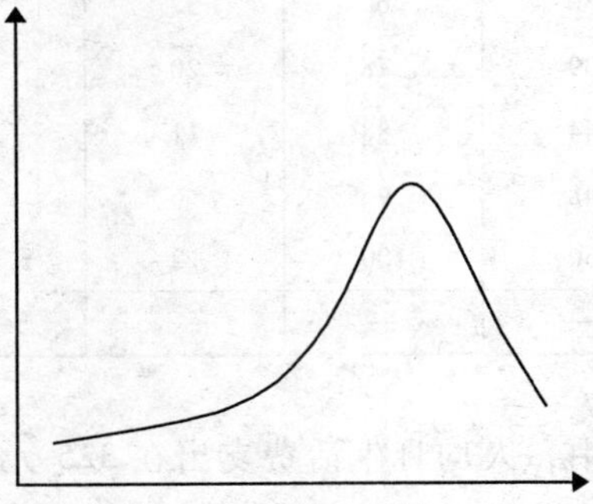

图3－4 左偏分布

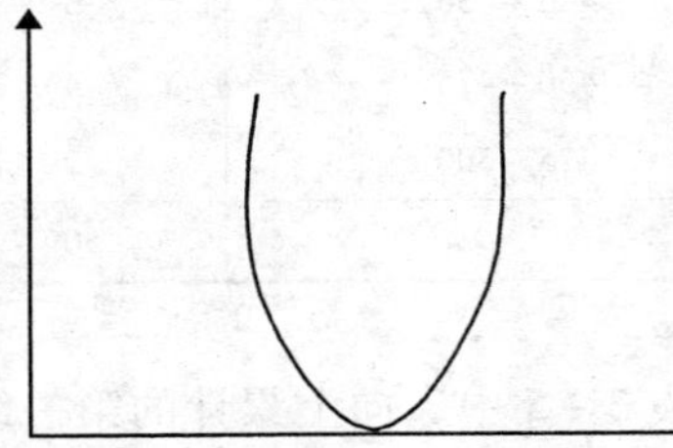

图3－5 U形分布

3. J形分布

J形分布有两种类型。正J形分布是次数随着变量值的增大而增多，如图3－6所示；反J形分布是次数随着变量值的增大而减少，如图3－7所示。在社会经济现象中，流通费用与成本的关系呈正J形分布，成本与利润之间的关系呈反J形分布。

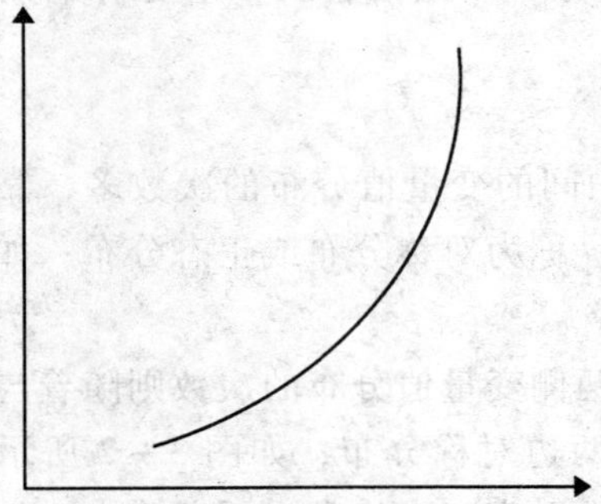

图3－6 正J形分布

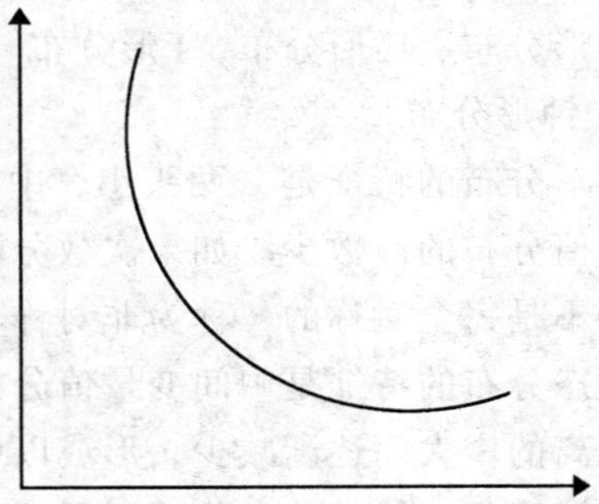

图3－7 反J形分布

第三节 统计资料的汇总

统计资料汇总是统计整理的重要环节，由于需要汇总的资料量大、范围广，因此，对统计资料汇总的要求也不相同。为保证统计汇总工作的顺利进行，需选择科学的汇总组织形式和完善的汇总技术。

一、统计资料汇总的组织形式

我国统计资料汇总的基本组织形式有两种：逐级汇总和集中汇总。

（一）逐级汇总

逐级汇总是按照一定的统计管理体制，自下而上逐级将调查资料汇总的形式。我国目前实行的统计报表制度采用的是这种组织形式。这种组织形式的优点是：能满足各级领导机关对统计资料的需求，也便于就地审核和订正原始资料。缺点是：费时较长，汇总层次多，发生差错的可能性大。

（二）集中汇总

集中汇总是将全部调查资料集中到组织调查的最高一级机关一次性汇总。对于要求时效性极高的调查，往往采用这种汇总方式。优点是：可缩短汇总时间，减少汇总差错。缺点是：原始资料若有差错，不能及时更正，且汇总资料不能及时满足各地区、各部门的需要。

在统计实践中，也可以将两者结合使用。即一方面对一些最基本的统计指标实行逐级汇总；另一方面又将全部调查资料实行集中汇总。

二、统计汇总技术

统计汇总技术常用方法有手工汇总和电子计算机汇总。

（一）手工汇总

手工汇总是指用算盘或小型计算器进行的汇总。常用的汇总方法有四种：

1. 划记法

划记法是采用一定的符号形式，在预先设计好的汇总表上划记汇总的标志内容。常用的符号形式如“正”等。这类方法简单，但只适合于汇总各组的单位总量。

2. 过录法

过录法是把要汇总的内容从各调查表中抄录下来，加总或综合后计入汇总表的相应组或相应位置，这种方法对汇总内容的适应范围较广泛。缺点是当总体单位太多时，汇总的工作量太大。

3. 折叠法

折叠法是把调查表上需要汇总的项目及其数值全部折叠在一起进行加总。此法简单易行。但汇总时必须仔细，如果发现差错，无法从汇总过程查明原因，须从头返工。

4. 卡片法

卡片法是利用特制的摘录卡片作为分组计数的工具，在调查资料多，分组细的情况下，采用卡片法进行汇总，比划记法准确，比过录法和折叠法简便，可以保证汇总质量和提高资料的时效性。

（二）电子计算机汇总

利用电子计算机集中进行统计资料汇总，是实现现代化经济管理的要求，也是统计工作现代化的一个重要标志。电子计算机的汇总，有着手工汇总所不可比拟的许多优越性，其特点是：运算速度快、存储数据多、精确度高、具有记忆和逻辑判断能力，而且它的内部操作都是自动控制进行的。但在原始资料上机运算之前，需要进行大量的、复杂的、严格的准备工作。包括程序的设计，数据的审查，编码录入，按预定的要求制表打印等。它要求统计人员不仅要有经济学、数学和统计学的知识，而且还要有电子计算机的基本知识。

现在，电子计算机的应用已逐步形成专门学科，特别是电子计算机的程序系统，内容相当复杂，需要专门研究。

本章知识架构

- 统计整理方法
  - 统计整理的含义、内容和程序
  - 统计分组
    - 含义、作用
    - 原则（穷举原则、互斥原则）
    - 种类
      - 按分组标志的性质（品质标志分组、数量标志分组）
      - 按分组标志的多少
        - 简单分组
        - 分组体系
          - 平行分组体系
          - 复合分组体系
    - 统计分组的关键及一般方法
  - 分配数列
    - 含义、构成要素
    - 种类
      - 品质数列
      - 变量数列
        - 单项式数列
        - 组距式数列
          - 等距数列
          - 异距数列
    - 编制步骤
      - 单项式数列
        - 排序
        - 按变量值分组
        - 设计整理表，计算出各组次数
      - 组距式数列
        - 排序并计算全距
        - 确定组数、组距
        - 确定组限
        - 计算次数，编制数列
    - 频数与频率
      - 向上累计
      - 向下累计
    - 次数分布的主要类型
      - 钟形分布
      - U 形分布
      - J 形分布
  - 统计汇总
    - 组织形式（逐级汇总、集中汇总）
    - 汇总技术
      - 手工汇总（划记、过录、折叠、卡片法）
      - 电子计算机汇总

复习思考题

1. 试述统计整理的意义及主要程序。
2. 怎样进行统计分组，其关键是什么？
3. 什么是分配数列？其构成要素是什么？可分几类？
4. 组距数列的编制步骤是什么？
5. 统计汇总有哪几种组织形式？有哪些方法？
6. 请计算表 3－6 中的组中值和组距。

表 3－6

月工资（元）	组　距	组 中 值
700 以下		
700～800		
800～900		
900 以上		

案 例 分 析

对某职工家庭基本情况调查表进行逻辑检查，并找出其中相抵触的地方（见表 3－7）。

表 3－7　　职工家庭基本情况调查表

姓名	性别	年龄	与被调查者的关系	工作单位	职务或工种	固定工或临时工
张　华	男	26	本人	宏光印刷厂	干部	临时
陈玉芳	男	43	夫妻	第一纺织厂	工人	固定
张兰英	女	20	长女	待业青年	无	临时
张志平	男	18	长子	医学院	学生	无

分析如下：

本案例主要是对调查来的资料进行整理前的逻辑检查，主要审核调查资料的内容是否合理，项目有无相互矛盾的地方，以及与有关资料进行对照，从中发现逻辑上的矛盾。本题主要错误有：

1. 张华年龄 26 岁与其子女年龄 20 岁、18 岁相抵触；张华职务是干部就不应是临时工。

2. 陈玉芳的性别“男”与被调查者的关系为“夫妻”相矛盾。

3. 张兰英从表中看出无工作，在工作单位一栏内不应填“待业青年”，而应以“—”表示，在“固定工或临时工”一栏内，也不应填“临时”，而应填“无”。

4. 张志平从其年龄和职务或工种栏看出是学生，那么，“工作单位”一栏就不应填“医学院”而应以“—”表示。

第四章

统计资料表示方法

统计资料是统计工作的最终成果。

学习目标

掌握统计资料的表示方法对搞好统计工作是很有必要的。通过本章教学，要求了解统计资料表示的主要方法有统计表和统计图，熟悉统计表和统计图的种类，初步掌握统计表的设计和统计图的绘制方法。

第一节 统 计 表

一、统计表的含义和结构

（一）统计表的含义

统计表是以纵横交叉的线条所绘制的表格来表现统计资料的一种形式。广义的统计表包括统计工作各个阶段中所用的一切表格。本章侧重介绍统计整理结果所用的统计表。

（二）统计表的结构

统计表的结构从形式上看，是由总标题、横行标题、纵栏标题、数字资料四部分构成，见表 4－1。

此外，有些统计表在表下还需增列补充资料、注解、附记、资料来源、某些指标的计算方法、填表单位、填表人员以及填表日期等。

表 4－1　　　　统计表的结构

总标题是表的名称，用以概括统计表中全部统计资料的内容，一般写在表的上端中部。横行标题或称横标目，它说明横行内容，在统计表中通常用来表示各组的名称，它代表统计表所要说明的对象，一般写在表的左方。纵栏标题或称纵标目，在统计表中通常用来表示指标的名称，一般写在表的上方。数字资料是说明总体特征的综合指标数值，列在横行标题与纵栏标题的交叉处，统计表中任何一个数字的内容均由横行标题和纵栏标题所限定。

统计表的结构从内容来看，包括主词和宾词两个部分，见表 4－1。主词是统计表所要说明的总体，它可以是各个总体单位的名称，总体的各个组或者是总体单位的全部。宾词是用来说明主词的各种统计指标，包括指标名称和指标数值。在通常情况下，主词排列在表的左方，即列在横行标题的位置，宾词排列在表的右方，即列在纵栏。

二、统计表的种类

（一）按作用分类

统计表按其作用不同，可分为调查表、整理表和分析表。

（1）调查表是指在统计调查阶段用于登记、采集原始统计资料的表格。

（2）整理表是指在统计整理阶段用于汇总统计资料和表现统计整理结果的表格，见表 4－1。

（3）分析表是指在统计分析阶段用于对整理所得的统计资料进行统计定量分析的表格。

（二）按主词分组情况分类

统计表按其主词分组情况不同，可分为简单表、简单分组表和复合分组表。

（1）简单表是指主词未经任何分组，仅列出总体各单位的名称或按时间先后顺序简单排列的统计表，见表 4－2。

表 4－2　　　　某地区主要农产品产量　　　　单位：万吨

主要农业产品	产　量
粮食	3180.0
棉花	27.5
油料	925.4
茶叶	5.3

（2）简单分组表是指主词只按一个标志进行分组的统计表，见表4－1。

（3）复合分组表是指表的主词按两个或两个以上标志进行层叠分组而形成的统计表，见表4－3。

表4－3　　某班统计学生成绩情况

按性别和及格与否分组	学生数（人）
男生	30
及　格	29
不及格	1
女生	20
及　格	20
不及格	0
合　计	50

无论是简单表、简单分组表或者是复合分组表，它们的宾词也有两种形式，一种是平行形式，见表4－4；另一种是交叉（或重合）形式，见表4－5。

表4－4　　某商业大厦三个商场职工的性别和年龄的构成

商场类别	职工人数（人）	性别		年龄（岁）			
		男	女	18岁以下	18～46岁	46～60岁	60岁以上
（甲）	（1）	（2）	（3）	（4）	（5）	（6）	（7）
副食品	300	250	50	20	180	90	10
百　货	350	200	150	50	240	50	10
五　交	280	180	100	30	190	60	0
合　计	930	630	300	100	610	200	20

表4－5　　某商业大厦三个商场职工的性别和年龄的构成

商场类别	职工人数（人）	18岁以上			18～46岁以上			46～60岁			60岁以上		
		合计	男	女	合计	男	女	合计	男	女	合计	男	女
（甲）	（1）	（2）	（3）	（4）	（5）	（6）	（7）	（8）	（9）	（10）	（11）	（12）	（13）
副食品	300	20	10	10	180	120	60	90	80	10	10	10	0
百　货	350	50	40	10	240	200	40	50	30	20	10	10	0
五　交	280	30	30	0	190	110	80	60	50	10	0	0	0
合　计	930	100	80	20	610	430	180	200	160	40	20	20	0

课堂练习与活动

对我国人口按性别分组形成的统计表是一个简单表，对吗？

三、统计表的设计要求及方法

为了使统计表能清晰地反映所研究现象的数量特征，便于分析比较，统计表形式的设计必须遵循科学、实用、简明、美观的原则。统计表内容的设计必须遵循简练、清晰、准确、醒目的原则。统计表的设计要求及方法如下：

1. 统计表的标题

统计表的各种标题，特别是总标题的表达，应该简明确切，概括地反映出表的基本内容，以及资料所属的空间和时间范围。

2. 统计表的主词栏

表中的主词各行，一般应按先局部后整体的原则排列，即先列各个项目，后列总计。当没有必要列出所有项目时，可以先列总计，而后列出其中一部分的重要项目。

3. 统计表的纵栏

统计表纵栏较多时，为了便于阅读，可编栏号。在主词和计量单位等栏，用（甲）、（乙）、（丙）等文字标明；在宾词指标各栏，用（1）、（2）、（3）等数字编号，见表4-5。如果各栏统计数字之间有一定的计算关系，可以利用数字编号表明其间的关系。例如，（8）=（9）+（10），表示第（8）栏数字为第（9）栏数字加上第（10）栏数字的和。

4. 统计表的端线

统计表上、下两端的端线应用粗线或双线绘制，表中其他线条一般应用细线绘制。但表中必须用明显线条分隔的部分，也可以用粗线或双线绘制。统计表左、右两端习惯上均不划纵线，采用不封闭的“开口”表式。

5. 统计表中的数字填写

统计表中数字应填写整齐，对准位数，如有相同的数字应该全部重写。切忌写“同上”、“同左”等字样。当没有数值时，应划“—”符号表示；缺乏某项资料时用符号“…”表示，表明不是漏填；当某项资料应免填时，用符号“×”表示。统计表数字部分不应留下空白。

6. 统计表中的计量单位

统计表中必须注明指标数值的计量单位。为了使统计表阅读方便，计量单位应按如下方法表示：当全表只有一个计量单位时，可以把计量单位写在表头的右上角；当同栏指标数值是同一单位计量，而各栏的计量单位不同时，应将计量单位标写在各纵栏标题的下方或右侧；当同行统计资料用同一单位计量，而各行的计量单位不同时，可在横行标题后添列一计量单位栏，用来标写各行的计量单位。

7. 统计表的说明注解

有时统计表应加注说明或注解。例如，某些指标有特殊的计算口径，某些统计资料只包括一部分地区，某些数字是由估算来插补等，都要加以说明。有时还要注明资料来源，以便查考。说明和注解一般写在表的下端。

课堂练习与活动

某地区2007~2011年的财政收入如下：7000万元、7010万元、8100万元、8900万元、9050万元。试根据资料编制一张统计表。

第二节　统　计　图

一、统计图的含义和作用

统计图是采用几何图形、事物的具体形象以及地图等形式来反映现象数量特征和数量关系的图形。它是表现和分析统计资料的重要形式和方法之一。这种方法称为统计图示法。

统计图示法与统计表等其他方法相比较，具有鲜明直观、形象生动、通俗易懂、一目了然，便于阅读和记忆，给人以明确而深刻的印象的优点，因此，在社会经济生活中得到广泛应用。

(1) 统计图是统计分析的一种重要工具。在统计分析、社会科学研究方面，运用多种多样的统计图，可以将复杂现象的数量特征及数量关系，清晰简明地揭示出来。

(2) 统计图是进行科学管理的一种有效手段。在各种管理工作中，通过统计图可以及时了解生产经营状况和工作进程，掌握计划执行的情况，便于发现问题，采取措施，科学地调度指挥生产经营，改进工作。

(3) 统计图是对群众进行宣传教育的良好形式。在宣传教育工作中，利用统计图直观、形象、通俗易懂的特点，向广大群众宣传社会主义建设成就，进行形势教育，激发人们的热情，鼓舞人们积极上进。

二、统计图的种类

统计图可以根据研究目的，选用不同的标志进行各种分类。主要的分类有如下几种：

(一) 按统计图的形式不同分类

(1) 几何图。这种图是利用点、线、面、体等几何图形来表现统计资料的图形。又分为条形图、线形图、面积图（平面图）、体积图（立体图）等，都是以图形的大小、长短、多少或曲线的升降来表示现象的数量特征。

(2) 象形图。这种图是利用事物的形象来表明现象的特点和数量对比关系的图形。这类图形实质上是几何图形的变形，也是以图形的大小、长短、多少来表现统计资料的。

(3) 统计地图。这种图是利用点、线、面或事物的形象在地图上显示现象的分布状况。

(二) 按统计图的用途不同分类

(1) 宣传展示图。这种图是进行宣传展览，供广大群众阅览用的图形。它所反映的数字资料以简要为宜，形式上要注意美观、生动，讲求艺术性。

(2) 工作示意与竞赛评比图。这种图是为经营管理与开展竞赛评比活动用的图形。它所表示的统计指标数值要随着事物的发展而变化，数字资料要准确；形式上要注意通俗易懂、生动活泼。

(3) 分析总结图。这种图是作为分析研究和总结用的图形。一般用以反映某种现象的过程与结果及其变动趋势。

以上统计图是从不同的角度来观察的，在实际工作中经常将各种图形结合应用。

三、统计图的绘制要求

为了绘制出比较好的统计图，一般要遵守以下一些基本要求：

1. 要有明确的绘图目的

绘制统计图，首先要明确绘图目的，根据预定目的，细致分析所要图示的现象的特征，以此决定图形。在图形设计好后，要检查预定的目的是否达到，预定的要求是否满足。

2. 绘图用的统计数值必须准确无误

统计图要准确反映客观的真实情况，只有根据准确的统计资料绘制的图形才能准确、切实。因此，在绘制统计图时，图形的大小、尺度的选择、比例的确定，都要准确地反映各项统计数字及其相互关系。

3. 图形的表达应鲜明醒目

要求绘制的统计图标题和内容应简明扼要，主题突出。

4. 图形的表达应通俗易懂

统计图只有通俗易懂，才能被接受。在适当场合可以采用形象图画来增进图示的通俗性，即使是图形中的文字说明、单位标写等，也都要通俗易懂。

四、常用统计图的绘制方法

在统计工作中常用的统计图有条形图、圆形图、曲线图、象形图和统计地图等，以下介绍各种统计图的绘制方法。

（一）条形图

条形图是以条形的长短或高低表示和比较同类统计指标的图形。条形图绘制简单，鲜明醒目，通俗易懂，便于比较，因此，它是一种适用范围最广泛的统计图。它用来比较的同类指标，可以是绝对数，也可以是相对数。

条形图按照条形构造的形式不同，可分为单式条形图、复式条形图等。

1. 单式条形图

单式条形图是将对比的各项统计指标，都以单一等宽的条形平行排列所绘制的一种条形图。它是条形图中制作最简便的一种图形。这种图形的绘制方法，首先绘出直角坐标，以纵轴（Y）表示统计数值的大小，以横轴（X）作为基线。在基线上按照要图示的数字的项数，分为相等的几段，安置各条形。纵轴须以零为起点再标出适当尺度。为了弥补图形的不足，还可以在各个柱形的顶端标出它所代表的数字。例如，某地区 2009 ~ 2011 年棉花平均亩产资料见表 4 - 6。

表 4 - 6　　某地区 2009 ~ 2011 年棉花平均亩产表

年　份	2009	2010	2011
棉花平均亩产（千克）	150	170	200

根据表 4 - 6 的资料绘制条形图，图 4 - 1 中每个条体代表一个年度的亩产指标，以最长的柱形代表最大的数值，以最短的柱形代表最小的数值，即根据柱形的长短，将资料数值之

间的差异显示出来。

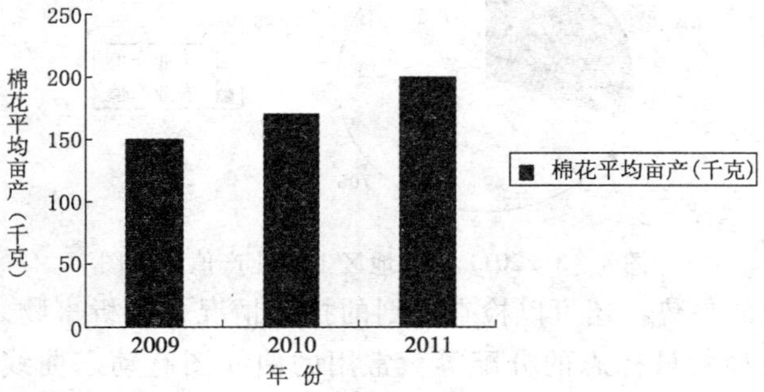

图 4－1 某地区 2009～2011 年棉花平均亩产条形图

通过这个条形图可以鲜明反映某地区 2009～2011 年棉花增长的情况。

2. 复式条形图

复式条形图是用两个或两个以上的条形为一组，同时平行若干组，来表示统计指标相互间对比关系的图形。该图形可以进行组与组之间的比较，也可以组内进行比较。复式条形图能说明较多的问题，所以是一种常用的统计图。这种图形的绘制方法，基本上和单式条形图一样，但必须将各组的各个条形用不同的线纹或颜色加以区别。应用复式条形图时，对比的指标不宜过多，以免使图面复杂化，影响简明清晰的效果。

图 4－2 是根据表 4－4 资料中的职工人数和 18～46 岁两个指标绘制的复式条形图。

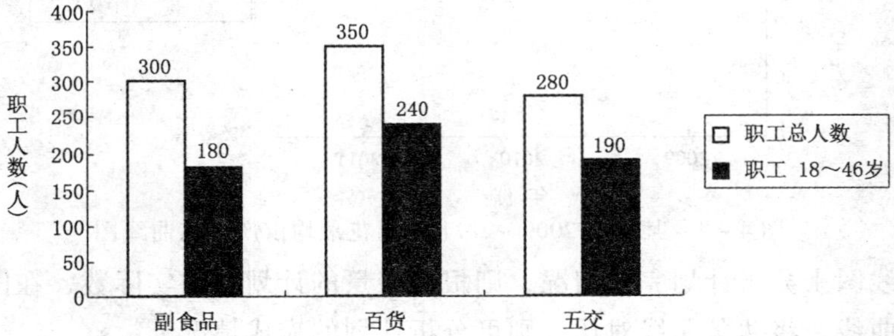

图 4－2 某商厦职工总人数和 18～46 岁职工人数条形图

（二）圆形图

圆形图是以圆的面积或圆内各个扇面所占的比重表示统计指标数值大小的图形。它主要用来表明事物总体的内部结构，有时也用来比较同类的统计指标。

这种图形的绘制方法如下：先绘制一个圆，整个圆面积表示某种现象的总体。根据统计资料求出总体指标中各个部分所占的百分数，然后将百分数分别乘以 360 度，计算出各组成部分所应占的圆心角的度数。再用量角器将圆面积分成若干扇形，在各扇形内绘上不同的线纹或颜色，以示区别。

例如，某地区 2011 年工业总产值和农业总产值分别占工农业总产值的比重为 70% 和 30%。则工业总产值的扇形夹角为：$360° \times 70\% = 252°$；农业总产值的扇形夹角为：$360° \times 30\% = 108°$。根据求出的扇形夹角，用量角器即可画出扇形面积，见图 4－3。

（三）曲线图

曲线图是以曲线的升降起伏表示被研究对象的变动情况及其发展趋势的图形。它可以用

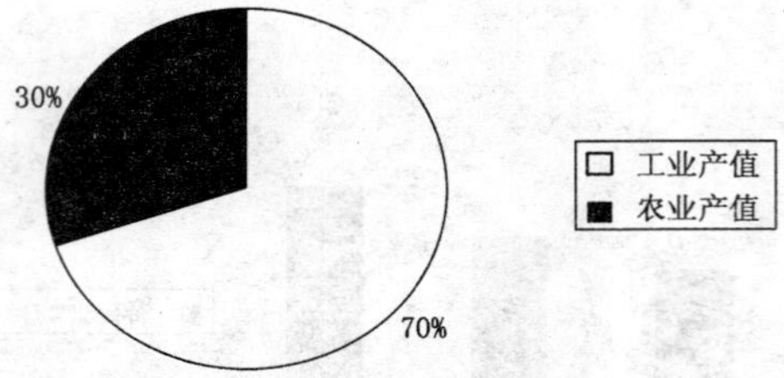

图4－3　2011年某地区工农业产值结构图

来反映事物发展变化的趋势，还可以检查计划的执行情况，分析事物之间的数量依存关系，以及说明事物按照某种数量标志的分配等。常用的曲线图有动态曲线图、计划完成曲线图等。

这种图形的绘制方法是利用直角坐标，用横轴（X）表示时间，用纵轴（Y）表示现象的发展水平。在横轴上划分时距，在纵轴上划定数量尺度。从纵横轴上的各标点分别引出细直线，构成了坐标格。根据各个时期统计指标的数值，在相应的坐标格上标出圆点。将坐标格上的圆点依次连接起来，便绘制成了动态曲线图。图4－4是根据表4－6绘制的动态曲线图。

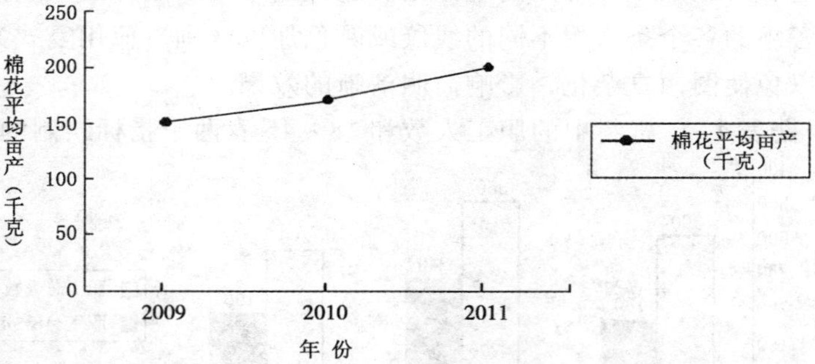

图4－4　某地区2009～2011年棉花平均亩产动态曲线图

如利用曲线图来分析计划完成情况，则根据产量的计划数与实际数，在图上分别绘制计划曲线与实际曲线，将两条曲线对比，则可分析计划的完成情况。

（四）象形图

象形图是用各种实物的具体形象来表示统计指标数值大小的一种形象化图形。由于象形图是通过具体的“实物”形体大小、个数的多少来比较统计数值的，所以它比条形图、面积图更生动、逼真，有较好的宣传效果。

绘制这种图形要突出特征，把所要代表的物体本质特征绘制出来，使阅读者能一目了然。绘制象形线条的轮廓尽可能接近各种几何图形，先确定事物象形的主要轮廓，再按大体比例画出次要部分的轮廓。象形的多少、大小、高低、长短要与数字资料相适应。见图4－5。

（五）统计地图

统计地图是在地图的基础上，利用各种几何图形或各种线纹、色彩、形象等标记，说明和比较现象在各地区分布状况的图形。这种图形不仅能说明现象在不同地区的分布情况，还能反映现象所处的地理位置及与自然条件的关系等。

统计地图的绘制方法：首先绘出所需要的地图轮廓，绘制地图的外轮廓线用粗线，内轮

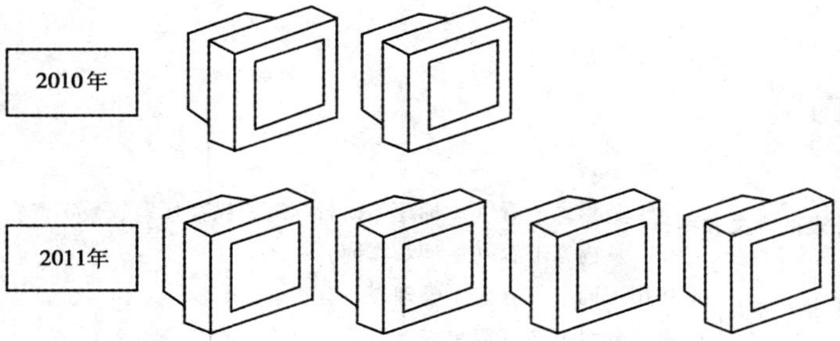

（每一图案代表100万台）

图4－5　某厂生产的大屏幕彩电产量

廓线用细线。根据统计资料的需要，选择合适的几何图形或象形图形，在地图准确的位置上绘出点、线、面等。绘制的具体步骤与几何图形、象形图形的方法基本一致。图4－6是根据某地区各县人口分布情况绘制的统计地图。

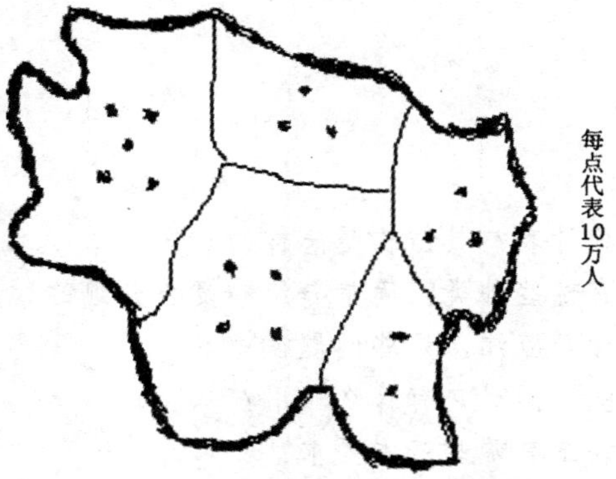

图4－6　某地区各县人口分布情况图

课堂练习与活动

2011年末我国大陆人口中，男性和女性的比重分别为51.3%、48.7%，试用圆形图予以表示。

本章知识架构

统计资料表示方法
- 统计表的含义和结构
  - 从形式上看（总标题、横行标题、纵栏标题、数字资料）
  - 从内容上看（主词和宾词）
- 统计表的种类
  - 按作用不同（调查表、整理表、分析表）
  - 按主词分组不同（简单表、简单分组表、复合分组表）
- 统计表设计要求及方法（形式和内容设计的原则及具体方法）
- 统计图的含义和作用
- 统计图的种类
  - 按图形的形式（几何图、象形图、统计地图）
  - 按统计图的用途（宣传展示图、工作示意与竞赛评比图、分析总结图）
- 统计图绘制要求（目的性、真实性、简明性、通俗性）
- 常用统计图的绘制方法（条形图、圆形图、曲线图、象形图）

复习思考题

1. 什么是统计表？其结构是怎样的？
2. 统计表有哪些种类？简单分组和复合分组的区别是什么？
3. 编制统计表应注意哪些问题？
4. 什么是统计图？它有什么作用？
5. 绘制统计图有哪些基本要求？
6. 统计图有哪几种类型？常用的有哪些？

案例分析

下面是新星书店2011年第一季度售书情况记录单：

一月份售出：文艺书1620册，科技书2087册，工具书153册。

二月份售出：文艺书4763册，科技书4262册，工具书425册。

三月份售出：文艺书2835册，科技书2247册，工具书363册。

要求：(1) 根据上述资料编制一张统计表。(2) 根据统计表中资料把2011年第一季度各月的售书情况绘制成条形图。

分析如下：

(1) 根据资料分析，统计表的总标题是新星书店2011年第一季度售书情况统计表，横行标题分别是文艺书、科技书、工具书，纵栏标题分别是一月份、二月份、三月份。指标数值填写资料中对应的数字，整个资料只有一种计量单位，写在表头的右上方，由于要求绘制各月售书情况条形图，所以需要计算合计栏。根据以上分析和编制统计表的若干要求，编制成的统计表如表4-7。

表 4－7　　新星书店 2011 年第一季度售书情况统计表　　单位：册

书籍种类	一月份	二月份	三月份
文艺书	1620	4763	2835
科技书	2087	4262	2247
工具书	153	425	363
合　计	3860	9450	5445

（2）根据统计表中的资料，首先绘出直角坐标系，以纵轴（Y）表示书籍的合计数，以横轴（X）作为基线表示月份。在基线上按照统计表中月份的项数分为相等的三段，安置三个单一等宽的条形。纵轴以零为起点，以间隔 1000 册为数值刻度，在各个条形的顶端标出它所代表的数字。根据以上分析绘制成的 2011 年第一季度各月的售书情况条形图如下（见图 4－7）：

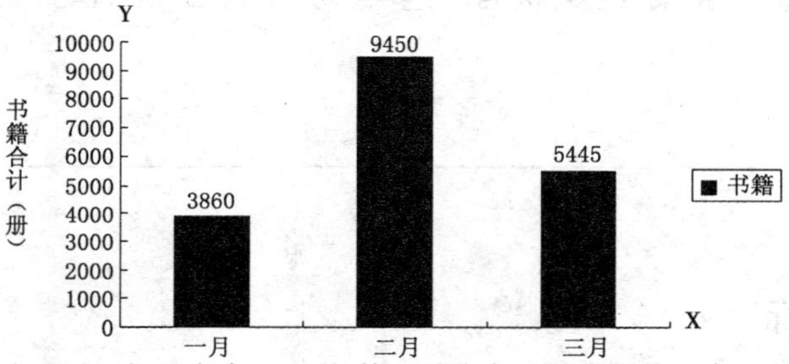

图 4－7　新星书店 2011 年第一季度各月的售书情况条形图

第五章

综合指标分析法

统计指标是反映客观事物数量特征最精巧的武器。

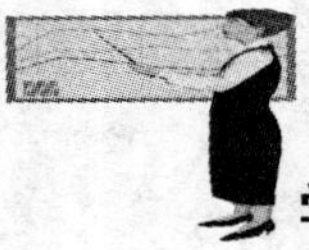

学习目标

统计分析方法很多，但综合指标分析法是基础。通过本章内容的学习，要求理解总量指标、相对指标、平均指标和标志变异指标的含义及作用；能够区分各类总量指标和相对指标；重点掌握平均指标和标志变异指标的计算方法；学会用综合指标分析社会经济问题。

通过统计调查搜集到大量说明总体单位特征的原始资料，对这些资料加以整理、汇总、计算，就得到反映社会经济现象总体特征的统计指标，一般称为综合指标。常用的综合指标有总量指标、相对指标、平均指标、标志变异指标，分别反映现象的总量规模、相对水平、集中趋势、变异程度。统计分析不同于一般的经济理论分析，它要用统计指标来说话，综合指标分析法是最基本的统计分析方法。

第一节　总量指标

一、总量指标概述

（一）总量指标的含义

总量指标又称统计绝对数，是反映一定时间、地点和条件下某种现象总体的总规模或总水平的统计指标。例如，我国2011年国内生产总值471564亿元，粮食总产量57121万吨，棉花总产量为660万吨，全社会固定资产投资311022亿元，社会消费品零售总额达到183919亿元，年末人口134735万人，就是反映2011年我国在经济和社会方面的总规模和总水平的总量指标。

（二）总量指标的作用

在社会经济统计中，总量指标有着重要的作用：

（1）它是人们对社会经济现象认识的起点。人们要想了解一个国家或一个地区的国民经济和社会发展的状况，首先就要准确地掌握客观现象在一定时间、地点条件下的发展规模或水平，然后才能更深入地认识社会。

（2）它是制定方针政策、编制计划、实行科学管理的重要依据。无论是宏观调控还是微观管理，都不能凭空操作，必须从客观实际出发，以反映客观事物现实的和以往的有关总量指标作为参考依据。例如，一个国家要制定货币发行量、存贷款利率、基本建设投资规模等有关金融政策和财政政策，就必须掌握城乡居民储蓄存款余额、货币流通量、全社会固定资产投资总额等总量指标。

（3）它是计算相对指标和平均指标的基础。相对指标与平均指标一般都是由两个有关系的总量指标对比计算出来的，可以说是总量指标的派生指标。总量指标的计算是否科学、合理，会直接影响相对指标和平均指标的准确性。

（三）总量指标的计量单位

总量指标的计量单位有实物单位、货币单位和劳动量单位三种。

1. 实物单位

实物单位是根据事物的自然属性和特点度量其数值的计量单位。常用的有：

（1）自然单位，即按照被研究现象的自然状态来度量其数量的一种计量单位。例如，人口以“人”为单位，汽车以“辆”为单位，牲畜以“头”为单位等。

（2）度量衡单位，即按照统一的度量衡制来度量客观事物数量的一种计量单位。例如，粮食以“千克”为单位，棉布以“米”为单位、木材以“立方米”为单位等。

（3）标准实物单位，即按照统一折算的标准来度量被研究现象数量的一种计量单位。例如，各种不同发热量的能源折合为7000大卡/千克的标准煤，7000大卡/千克就称为标准实物单位。再如，将各种不同能力的拖拉机以15马力的拖拉机作为标准台折算等。其折算公式为：标准实物量 = 实物量 × 折合系数。

（4）双重单位或复合单位，指两个或两个以上的单位结合使用的计量单位，双重单位如电机用“千瓦/台”表示，复合单位如货运周转量以“吨公里”表示。

2. 货币单位

货币单位是以货币作为价值尺度计量社会物质财富或劳动成果的一种计量单位。例如，工业总产值、国内生产总值、进出口总额、商品销售额、工资总额、产品总成本等指标，都是用货币单位表示的总量指标。

3. 劳动量单位

劳动量单位是以劳动时间来表示的一种计量单位。一般用工时、工日表示。一个工人做1小时工，叫作1个工时，8个工时等于1个工日。例如，在机械工业部门，由于产品生产周期长，产品结构复杂，一台机械往往是由许多零部件所组成，要在各车间、各班组进行加工生产，一天内完成的大小零件、部件，用实物量是无法相加的，所以必须用生产消耗的工时来计量。

课堂练习与活动

某企业本月生产75马力拖拉机100台，15马力拖拉机200台，5马力拖拉机45台，若以15马力为一个标准台，则本月产量为多少标准台？

二、总量指标的种类

（一）总体单位总量指标和总体标志总量指标

总量指标按其说明总体内容不同，分为总体单位总量指标和总体标志总量指标。总体单位总量指标简称单位总量，是反映总体中单位总数的总量指标。例如，研究全国工业企业的基本情况，则全国工业企业是总体，每一个工业企业是一个总体单位，那么，全国工业企业数就是总体单位总量。总体单位总量指标决定着一个统计总体的规模大小，一个总体只有一个总体单位总量指标。

总体标志总量指标简称标志总量，是反映总体中单位标志值总和的总量指标。例如，全国工业企业总体中，每个工业企业的职工人数、总产值、利润等标志数值加总求得的全国工业企业职工人数、工业总产值、利润总额等就属于总体标志总量指标。总体标志总量指标大小决定着总体某一数量标志水平的高低，一个总体可有多个总体标志总量指标。

总体单位总量和总体标志总量的地位并不是固定不变的，它们随着统计研究的目的不同而变动。上例中，研究总体如改为全国工业企业的职工，要研究他们的工资水平，那么，全国工业企业的职工人数就成了总体单位总量，而工资总额则是总体标志总量。明确总体单位总量和总体标志总量的关系对于计算和区分相对指标和平均指标具有重要意义。

（二）时期指标和时点指标

总量指标按其说明现象时间状况的不同，可分为时期指标和时点指标。时期指标是反映社会经济现象在某一段时期内活动过程累积的总量，例如，产品产量、产值、工资总额、人口出生数，等等。时点指标是反映社会经济现象在某一时点（瞬间）所表现的总量，例如，职工人数、设备台数、牲畜存栏数、商品库存数，等等。

时期指标和时点指标各有不同特点：①时期指标的数值具有可加性，相加后表示更长时期的累计总量，如一年中每天产量相加就是一年的总产量。时点指标的数值不具有可加性，只有在有关指标的计算过程中需要直接相加，否则就没有实际意义。如年末人口数，指某年12月31日24时的实有人口数，而不是将全年各月人口数相加的总和。②时期指标资料搜集要通过经常性调查取得，时点指标资料搜集是通过一次性调查来完成的。③时期指标的数值大小与时期长短成正比，如一个企业一年的产值必然大于其该年一个月的产值。时点指标的数值大小与时点间的间隔长短没有直接关系，即不受时间长短的影响，如某企业年末的职工人数不一定大于该年中某月末的职工人数。

课堂练习与活动

人口数和人口出生数分别属于什么指标?

（三）实物指标、价值指标和劳动量指标

总量指标按计量单位不同分为实物指标、价值指标和劳动量指标。实物指标是以实物单位计量的总量指标，用于表明社会经济现象总体的使用价值总量。其最大特点就是能直接反映产品的使用价值或现象的具体内容，具体表明事物的规模和水平。它的局限性在于其综合性能较差，不能综合反映多种不同类事物的总规模、总水平。例如，我们就不能用一个指标来反映我国某年所有工业产品总产量。

价值指标是以货币单位计量的总量指标，例如，工农业总产值、商品销售额、工资总额、产品总成本等。价值指标的最大特点在于它代表一定的社会必要劳动量，因此，具有最广泛的综合性能和概括能力。所以不同产品的产值，不同商品的销售额等都是可以相加的。价值指标也有它的局限性，就是指标脱离了物质内容，比较抽象。因此，在实际工作中，价值指标应该和实物指标结合起来使用，才能比较全面地认识问题。

劳动量指标是以劳动量单位计量的总量指标。将生产各种产品所消耗的劳动量相加得到的劳动消耗总量，即总工时或总工日，可用来综合反映企业生产各种不同产品的总产量。

第二节　相对指标

一、相对指标概述

（一）相对指标的含义

相对指标又称统计相对数，是两个有联系的统计指标对比计算的比率。它表明社会经济现象内部的结构、比例、现象之间的数量对比关系和联系程度。例如，2010 年我国总人数中，男性占 51.3%，女性占 48.7%，男女性别比为1.05：1，人口出生率为 11.93‰，自然增长率为 4.79‰，人口密度为140.3 人/平方公里，农村居民人均纯收入 3255 元等都属于相对指标。

（二）相对指标的作用

相对指标是统计分析中广泛应用的统计指标，其作用主要有以下几个方面：

1. 能够反映现象内部和现象之间的相对水平和联系程度

总量指标虽然是反映现象总体规模或水平的重要指标，但它却不能鲜明、深刻地说明现象总体内部的结构、比例以及现象之间的相互联系程度。运用相对指标，就可以说明这些总量指标揭示不出来的统计信息，为认识现象的本质和特点提供依据。

2. 为某些不能直接对比分析的统计指标提供可以比较的基础

相对指标可以使那些利用总量指标不能直接对比的现象，找到可比基础，从而准确判断事物之间的差别程度。例如，比较两个国家的经济实力，就不能用这两个国家的国内生产总值、产品产量等总量指标进行对比，而应该使用人均国内生产总值、人均主要产品产量等相对指标进行比较，因为这些指标消除了规模大小的影响，这样对比才科学合理。

（三）相对指标数值的表现形式

相对指标的表现形式也可称为相对指标的计量单位，一般有无名数和有名数两种。

1. 无名数

无名数是一种抽象化的数值，分为系数、倍数、成数、百分数、千分数等。

（1）系数和倍数：是将对比的基数抽象化为1而计算出来的相对数。当对比的两个指标数值相差不大时，用系数表示；当对比的两个指标数值分子比分母大很多时用倍数表示。

（2）成数：是将对比的基数抽象化为10而计算出来的相对数。一成就是1/10，过去俗语中用得比较多。

（3）百分数：是将对比的基数抽象化为100而计算出来的相对数。是相对指标中最常用的一种表现形式。在对比分析中，有时用到百分点，百分点是指两个以百分数表示的相对指标进行对比时，差距为1%称为1个百分点。

（4）千分数：是将对比的基数抽象化为1000而计算出来的相对数。它常用于分子指标比分母指标数值小得多的情况。

2. 有名数

有名数是将分子指标和分母指标的计量单位结合使用的一种形式。例如，人口密度用人/平方公里表示，平均每人分摊的粮食产量用千克/人表示等。有名数主要用来表现强度相对指标的数值。

二、相对指标的种类及计算

（一）结构相对指标

结构相对指标是在分组基础上，将总体区分为不同性质的各部分，以部分数值与总体数值对比求得的比重或比率，来反映总体内部的组成状况。一般用百分数或系数表示。其计算公式为：

$$\text{结构相对指标} = \frac{\text{总体部分数值}}{\text{总体全部数值}} \times 100\% \tag{5-1}$$

结构相对指标的特点：①必须首先根据统计研究的目的，对被研究总体进行科学分组，只有在对总体进行分组的基础上，才能计算结构相对指标；②是在同质总体中计算的，它的分子必须是总体的部分数值，分母必须是总体的全部数值，分子、分母不可互换位置；③其分子、分母可以是总体单位总量指标，也可以是总体标志总量指标；④同一总体各结构相对指标之和必定为100%或1。

【例5-1】我国2011年国内生产总值471564亿元，其中第一产业增加值47712亿元，第二产业增加值220592亿元，第三产业增加值203260亿元，则第一、第二、第三产业增加值在全国国内生产总值中所占的比重分别为：

$$\text{第一产业：} \frac{47712}{471564} \times 100\% = 10.12\%$$

$$\text{第二产业：} \frac{220592}{471564} \times 100\% = 46.78\%$$

第三产业：$\frac{203260}{471564}\times100\% =43.10\%$

结构相对指标的应用：它可以反映总体的内部构成，说明事物的性质特征。因为事物的性质往往决定于其中占比重最大的那一部分的属性；还可以反映人力、物力、财力的利用程度情况。如工时利用率、设备利用率、原材料利用率等经济技术指标就是用来反映人力、物力、财力的利用情况的，而这些指标都是已经利用部分的数量与全部可能利用的数量之比，实际上也是部分与总体之比，因而也是结构相对指标。

（二）比例相对指标

比例相对指标是将总体中不同组成部分的指标数值进行对比求得的相对数，用以反映总体中各个组成部分之间的比例关系和协调平衡状况。可以用百分数来表示，也可以用几比几的形式来表示，有时还可以用1：m：n的连比形式反映总体中若干个部分之间的比例关系。其计算公式为：

$$比例相对指标=\frac{总体中某一部分数值}{总体中另一部分数值} \tag{5-2}$$

比例相对指标的特点：①根据统计研究的目的，对被研究总体进行科学分组；②在同质总体中计算，它的分子、分母必须是同一总体的不同组成部分数值，分子、分母可以互换位置。

【例5-2】 2011年末我国人口总数为134735万人，其中，男性为69068人，女性为65667人，求比例相对指标。

$$比例相对指标=\frac{69068}{65667}=1.05$$

计算表明，我国男女性别比例为1.05：1。

【例5-3】 利用［例5-1］资料计算我国2011年第一、第二、第三产业增加值的比例相对指标为：47712：220592：203260=1：4.62：4.26。

比例相对指标的应用：在许多情况下，按比例是事物发展的客观要求，比例失调会招致社会与经济的严重失误。计算比例相对指标，对比例关系进行研究，能帮助我们认识客观事物按比例发展的状况，判断比例关系正常与否以及分析它对社会经济发展的影响，为国家制订政策和计划提供依据。在实际工作中，比例相对指标与结构相对指标往往结合起来应用，既研究总体的结构是否合理，也研究总体中各部分之间的比例关系是否协调，这对于合理安排人力、物力、财力都有重要作用。

（三）比较相对指标

比较相对指标是将同类指标在同一时间、不同空间（不同国家、不同部门、不同单位等）的数值进行对比，计算出来的相对数，以表明同类事物在不同空间条件下的数量差异程度。既可以用百分数表示，也可以用系数或倍数表示。其计算公式为：

$$比较相对指标=\frac{某时间某总体的某指标数值}{同时间另总体的该指标数值} \tag{5-3}$$

比较相对指标的特点：①用来对比的指标既可以是总量指标，也可以是相对指标或平均指标，不论采用哪一种指标，都必须要注意对比的两个指标数值所属的时间、含义、计量单位、计算方法应当完全一致；②比较的基数不固定，分子和分母可以互换，以哪个数值作比较基数，应根据研究目的而定。

【例5-4】2011年甲市国内生产总值500亿元，乙市国内生产总值400亿元，则：

$$比较相对指标=\frac{500}{400}\times 100\%=125\%$$

计算表明，甲市国内生产总值为乙市国内生产总值的125%或者1.25倍。

比较相对指标的应用：可用于不同国家、地区、单位之间的比较，也可用于先进与落后之间的比较，以揭示同类现象的差异程度。在经济管理工作中，将各企业的经济指标与先进水平（国际先进水平、国内先进水平、同行业先进水平等）比较，可以促使企业树立奋斗目标，提高企业的经营管理水平，从而促进经济的发展。

（四）强度相对指标

强度相对指标就是两个性质不同但有一定联系的总量指标数值对比求得的相对数，表明现象的强度、密度和普遍程度。例如，以人口数与土地面积对比得到的人口密度，以主要产品产量与人口数对比得到的人均产品产量均称为强度相对指标。强度相对指标常用有名数表示，例如，人口密度用“人/平方公里”，人均产品产量用“千克/人”表示。如果对比的两个指标的计量单位相同，则可用千分数或百分数表示，例如，人口的出生率用千分数表示，流通费用率用百分数表示。强度相对指标的计算公式为：

$$强度相对指标=\frac{某一总量指标数值}{另一有联系而性质不同的总量指标数值} \tag{5-4}$$

强度相对指标的特点：①对比的两个总量，不是同一个总体，也不属于同类现象，而是两个有联系的总体总量进行对比；②它在大多数情况下是用有名数表示，个别时候用百分数和千分数表示；③有些强度相对指标的分子和分母可以互换，从而形成正指标和逆指标，分别从正、反两个方向说明现象的密度和普遍程度；④有些强度相对指标带有“平均”的意义，但又不同于平均指标。

【例5-5】2011年末我国总人口为134735万人，按960万平方公里土地面积计算，则：

$$我国人口密度=\frac{134735万人}{960万平方公里}=140.3（人/平方公里）$$

人口密度反映人口同居住地区之间的关系，说明居住的密集程度。

【例5-6】某地区2011年末总人口280万人，共设有零售商店5200个。则：

$$商业网点密度=\frac{零售商店数}{总人口数}=\frac{5200个}{280万人}\approx 19（个/万人）$$

计算结果说明，每1万人中约有19个商店。这个数值越大，表示商业网点密度越大，这叫作正指标。如果将分子与分母调换计算，则：

$$商业网点密度=\frac{总人口数}{零售商店数}=\frac{280万人}{5200个}=538（人/个）$$

说明每一个零售商店要为538人服务。这个数值越大，表示一个商店服务的人口数越多，说明商业网点的密度越小，这叫作逆指标。

【例5-7】我国2011年末我国总人口为134735万人，全年粮食总产量57121万吨，则：

$$人均粮食产量=\frac{粮食总产量}{总人口数}=\frac{57121万吨}{134735万人}=423.95（千克/人）$$

强度相对指标的应用：①可反映社会经济现象的分布密度和普遍程度；②又可反映一个

国家或一个地区的经济实力。因为一个国家或一个地区的经济实力受该国家或地区人口多少的影响非常大，一个大国的工农业产品产量可能是某些小国的几倍，但按人分摊后却往往会少于某些小国，所以用总量指标说明不了问题，要准确反映一个国家或一个地区的经济实力，通常要用强度相对指标，就是将国民经济的一些主要指标，例如，国民收入、主要工农业产品产量等数字与相应的人口数对比，计算人均拥有量。就可准确地表明一个国家或地区经济实力的强弱程度；③还可反映企业经济效益的好坏。例如，可以计算资金利税率，说明企业固定资产和流动资产使用的经济效益好坏，计算流通费用率，反映增收与节支的经济效益。

（五）动态相对指标

动态相对数是将同类指标在不同时间上的数值进行对比求得的相对数，用以说明现象在时间上发展变化的程度，又称发展速度。一般用百分数或倍数表示。其计算公式为：

$$动态相对指标 = \frac{报告期某指标数值}{基期该指标数值} \times 100\% \qquad (5-5)$$

报告期是我们要研究的时期，基期是与之对比的时期。通常报告期发生时间在后，基期发生时间在前。

动态相对指标的特点：①对比的分子、分母属于同一个总体、同类指标；②分子、分母不宜互换位置。

【例 5－8】我国的汽车产量 1978 年为 14.91 万辆，2011 年为 1841.6 万辆，求动态相对指标。

$$动态相对指标 = \frac{1841.6}{14.91} = 123.51$$

说明 2011 年我国汽车产量是 1978 年的 123.51 倍。

动态相对指标在经济分析中应用很广，其应用将在第六章进一步介绍。

课堂练习与活动

1. 积累额与消费额的比例为 1∶3（A），即积累额占国民收入是 25%（B），这里，（A）和（B）分别是什么指标？

2. 我国现在一年生产的钢，相当于 1949 年钢产量的 460 倍，这是什么指标？

（六）计划完成程度相对指标

计划完成程度相对指标又称计划完成百分比，是将同类指标在同一时期内的实际完成数与计划数进行对比求得的相对数，以反映计划的完成程度。一般用百分数表示。其基本计算公式为：

$$计划完成程度相对指标 = \frac{某期实际完成数}{同期计划任务数} \times 100\% \qquad (5-6)$$

计划完成程度相对指标的特点：①分子、分母在指标涵义、计算方法、计量单位、计算时间和空间范围等方面应完全一致；②由于计划数总是衡量计划完成情况的标准，故分子、分母位置不得互换；③评价计划完成程度时，应结合指标本身的特点。对于指标数值越大越好的指标，大于 100% 为超额完成计划，小于 100% 为未完成计划，对于指标数值越小越好的指标则相反。

计划完成程度相对指标的应用：用来监督和检查计划的执行情况，分析计划完成和未完成的原因，抓住薄弱环节，进一步挖掘潜力，为正确评价工作成绩和促进经济发展提供重要依据。

由于下达的计划指标可以有总量指标、相对指标和平均指标，因此，计划完成程度相对指标的计算方法也不尽相同，以下分别介绍。

1. 短期计划检查方法

短期计划是指1年以内的计划，如年度、季度、月度、旬计划等。

（1）当计划指标是总量指标时，可以通过计划完成程度指标检查现象总规模、总水平的计划完成程度以及计划的执行进度。具体方法如下：

①检查全期计划完成程度。即以整个计划期为检查期，检查全期计划的完成程度。在这种情况下，可以直接采用基本计算公式，即：

$$\text{计划完成程度相对指标} = \frac{\text{某期实际完成数}}{\text{同期计划任务数}} \times 100\% \tag{5-7}$$

上式中，分子、分母相减表示完成计划的绝对效果。

【例5-9】某工业企业2011年工业总产值计划数为1000万元，实际完成数为1100万元，则该企业工业总产值计划完成情况为：

$$\text{工业总产值计划完成程度} = \frac{1100}{1000} \times 100\% = 110\%$$

计算结果表明，该企业2011年工业总产值计划完成110%，因为工业总产值要求越大越好，所以，超额完成计划10%。超额完成计划的绝对量为100万元（1100万元-1000万元）。

②检查计划执行进度。是以计划期某一段时间为检查期，检查该段时间完成全期计划任务的程度。这种方法多用于控制生产计划的执行进度。其计算公式为：

$$\text{计划执行进度指标} = \frac{\text{期初至报告期止累计实际完成数}}{\text{全期计划任务数}} \times 100\% \tag{5-8}$$

因为实际完成数的时期要比计划数的时期短，所以不能以100%作为完成计划的标准，而应以时间进度作为考核标准，比如，1~6月累计应完成全年计划的50%，1~9月累计应完成全年计划的75%等。

【例5-10】2011年某企业计划完成产品销售额1000万元，上半年累计实际完成销售额450万元，则：

$$\text{上半年计划执行进度} = \frac{450}{1000} \times 100\% = 45\%$$

计算结果表明，该企业上半年销售额的计划执行进度为45%，按照考核标准，该企业上半年销售额的计划尚未完成，在下半年应更加努力，以完成销售任务。

（2）当计划指标是相对指标时，计划完成程度指标多用于检查各种社会经济现象的降低率和提高率的计划完成程度。如单位产品成本的降低率、劳动生产率的提高率等的计划完成程度。这些下达的指标计划数是以比上期减少或提高百分之几的形式出现的，要使其计算的计划完成相对指标符合基本公式的要求，就不应直接用实际降低率或提高率除以计划降低率或提高率，而应以包括原有基数在内的公式计算。其计算公式为：

$$计划完成程度相对指标（提高率）=\frac{1+实际提高率}{1+计划提高率}\times100\% \quad (5-9)$$

$$计划完成程度相对指标（降低率）=\frac{1-实际降低率}{1-计划降低率}\times100\% \quad (5-10)$$

【例5-11】 某企业某年计划利润额要求比上年提高3%，实际执行结果是利润额比上年提高4%，则该企业利润计划完成情况为：

$$计划完成程度=\frac{1+4\%}{1+3\%}\times100\%=100.97\%$$

计算结果表明，该企业利润额计划完成了100.97%，超过完成计划0.97%。

【例5-12】 某工业企业某年的甲产品的单位成本水平计划规定的降低率为4%，实际的降低率为5%，则该企业甲产品的单位成本计划完成情况为：

$$计划完成程度=\frac{1-5\%}{1-4\%}\times100\%=98.96\%$$

计算结果表明，该企业甲种产品单位成本计划完成98.96%，超1.04%完成计划。

（3）当计划指标是平均指标时，计划完成程度指标一般适合于检查以平均水平表示的技术经济指标的计划完成情况。其计算公式为：

$$计划完成程度相对指标=\frac{实际平均水平}{计划平均水平}\times100\% \quad (5-11)$$

【例5-13】 某产品单位成本计划为50元，实际为45元，则：

$$单位成本计划完成程度=\frac{45}{50}\times100\%=90\%$$

计算结果表明，该产品单位成本实际比计划降低10%，由于单位成本要求越低越好，因此，超额10%完成成本计划，单位成本节约5元（45元-50元）。

2. 长期计划检查方法

长期计划是指计划期至少为5年的计划。检查长期计划有两方面内容：一是计算计划完成的相对数；二是计算提前完成计划的时间。

下达长期计划一般有两种形式：一是只规定计划期最末一年应达到的水平（水平法）；二是规定整个计划期内累计应达到的水平（累计法）。那么，检查长期计划完成情况的方法也相应地有水平法和累积法两种。

（1）水平法。用水平法检查长期计划完成情况的计算公式为：

$$计划完成情况=\frac{计划期末年实际达到的水平}{计划期规定的末年水平}\times100\% \quad (5-12)$$

利用水平法检查长期计划完成情况时，如果超额完成计划，需要计算提前完成计划的时间。其方法是以连续12个月的实际完成数（可以跨年度计算）达到了计划规定的末年水平，就认为已经完成了计划。则往后的时间均为提前完成长期计划的时间。

【例5-14】 我国某地区“十一五”计划规定某产品2010年应达到280万吨，而实际2009年4月份至2010年3月份产量已达到280万吨，则可认为，2010年3月已完成计划，那么，该产品产量提前完成计划的时间为9个月。

（2）累计法。采用累计法检查长期计划完成情况的计算公式为：

$$计划完成情况=\frac{计划期累计实际完成数}{计划期规定的累计数}\times100\% \quad (5-13)$$

利用累计法检查长期计划完成情况时，若超额完成计划需计算提前完成计划的时间。具体方法是从计划全部时间减去自计划执行日起至累计实际完成任务的日期止，其余时间则为提前完成五年计划的时间。

【例5-15】某市“十一五”计划规定：五年内竣工住宅建筑面积600万平方米，实际执行结果，各年竣工住宅建筑面积2006年为167万平方米，2007年为139万平方米，2008年为113万平方米，2009年为181万平方米，2010年为95万平方米。则：

竣工住宅面积五年计划完成情况为：

$$五年计划完成程度=\frac{167+139+113+181+95}{600}\times100\%$$

$$=\frac{695}{600}\times100\%\approx115.83\%$$

由于前四年的竣工住宅建筑面积已达到600万平方米（167+139+113+181），所以，提前完成五年计划的时间=5年-4年=1年。

课堂练习与活动

1. 某地2010年粮食亩产450千克，2011年计划提高2%，而实际亩产为2010年的98%，试问2011年粮食亩产计划完成程度如何？实际比计划增减百分点是多少？

2. 某公司在某一个五年计划期间，规定第五年甲产品产量为160吨，在第四年7月至第五年6月期间产量已达到160吨，那么，该公司提前多长时间完成计划？

第三节　平均指标

一、平均指标的意义

（一）平均指标的含义

平均指标又称统计平均数，是用来反映同质总体各单位在一定时间、地点、条件下某个数量标志的一般水平的综合指标。例如，平均成绩、平均工资、工人平均劳动生产率等都属于平均指标。由于它反映的是同一时间下同类社会经济现象的一般水平，又称静态平均数或一般平均数。我们在第六章将介绍动态平均数的内容。

（二）平均指标的特点

1. 平均指标是一个代表值

平均指标是用一个平均数代表了总体内各单位标志值的一般水平。例如，某车间某班组有6名工人，他们某天在正常的生产条件下的日产量（单位：件）分别是：20、22、23、23、24，26，他们的平均日产量为（21+22+23+23+24+26）÷6=23件。这个23件平均日产量虽然不能说明任何一个工人日产量的实际数额，但却把高产量和低产量相互抵补而拉平了，能够说明总体的一般水平，所以平均日产量可作为全组每个工人日产量的代表值。

2. 平均指标是一个抽象值

平均指标将总体内各单位的某一数量标志值的差异抽象化了。如上例中6名工人的日产量存在着差异，利用日产量平均指标23件作代表就把工人之间日产量的差异抽象化了。计算平均数的过程也就是从个性到共性的抽象过程。

3. 平均指标反映了总体分布的集中趋势

既然平均指标能够代表总体各单位标志值的一般水平，那么可以肯定，接近或等于平均数的标志值居多，而远离平均数的标志值较少，也就是说，总体各单位标志值有向平均数集中的趋势。

（三）平均指标的作用

1. 平均指标便于不同空间同类现象水平的对比分析

对比不同空间同类现象的水平高低，必须利用平均指标。例如，评价不同的工业企业的生产水平，就不能用工业总产值进行对比，因为其受到不同企业生产规模大小的影响。如果用劳动生产率进行比较，就可以较好地评价不同企业的生产情况。

2. 平均指标可为经济活动中制定合理的定额提供依据

制定定额是经济责任制的重要内容，在定额管理中，往往要运用先进平均数作为制定定额标准的依据。先进平均数是这样一个标准，即大部分同志需要积极努力才能完成这一目标，少部分同志通过积极努力可超额完成这一目标。

3. 平均指标可用于推断或计算其他有关指标

有些统计指标的计算需要具备平均指标，如在第八章的抽样推断中，要利用样本平均指标推断总体平均指标；再如下一节将要讲到的标志变异指标的计算也离不开平均指标。

二、平均指标的种类及计算

平均指标按其计算方法和应用条件不同，可分为算术平均数、调和平均数、几何平均数、中位数和众数。前面三种是根据总体所有标志值来计算的，通常称为数值平均数；后面两种是根据标志值所处的位置来确定的，通常称为位置平均数。以下分别加以介绍。

（一）算术平均数

算术平均数是最常用的一种平均指标，它是用总体单位总量直接去除总体标志总量所得的平均数。计算算术平均数要求总体的标志总量等于总体各单位标志值之和。在许多社会经济现象中，总体的标志总量一般都是总体各单位标志值之和，如企业职工的工资总额是每个职工工资加总而得到的，某车间班组的日产量是每个工人日产量的总和等等，因此，算术平均数应用非常广泛。其基本计算公式为：

$$\text{算术平均数} = \frac{\text{总体标志总量}}{\text{总体单位总量}} \tag{5-14}$$

计算算术平均数应注意：分子、分母属于同一总体的两个总量指标，即作为分子的总体标志总量必须是分母各单位数量标志值总和。各标志值与各单位之间是一一对应的，有一个总体单位必有一个标志值与之相对应，否则，计算平均指标就失去意义。这正是算术平均数与强度相对数之间的根本区别。强度相对指标虽然也是两个总量指标之比，但其分子分母从属于不同的总体，这两个总量指标之间没有依附关系，不存在各标志值与各单位的对应问题。例如，全国粮食总产量与全国人口数对比计算的人均粮食产量就是强度相对指标。

实际工作中，由于所掌握的资料不同，在平均指标基本计算公式的要求下，算术平均数的计算方法通常采用简单算术平均数和加权算术平均数两种形式。

1. 简单算术平均数

简单算术平均数方法适用于未分组资料（直接掌握所有总体单位的标志值）或资料虽已分组，但各组标志值出现次数均相等的情况。即将总体各单位标志值简单相加求得总体标志总量，然后除以总体单位数得出平均数。简单算术平均数的计算方法，用公式表示则为：

$$\bar{x}=\frac{x_1+x_2+\cdots+x_n}{n}=\frac{\sum x}{n} \qquad (5-15)$$

式中，$\bar{x}$代表算术平均数；x代表各单位的标志值；n代表总体单位数；Σ为求和符号。

【例5－16】某企业共有8位高层管理人员，其月工资（元）分别为：6000、6150、6450、6540、6600、6600、7500、8400，计算该企业8位高层管理人员的平均工资。

$$平均工资=\frac{6000+6150+6450+6540+6600+6600+7500+8400}{8}$$

$$=\frac{54240}{8}=6780（元）$$

2. 加权算术平均数

加权算术平均数方法适用于分组资料（经过分组整理后编制的变量数列），且各组标志值出现次数不相等的情况。其计算公式可表示为：

$$\bar{x}=\frac{x_1f_1+x_2f_2+\cdots+x_nf_n}{f_1+f_2+\cdots+f_n}=\frac{\sum xf}{\sum f} \qquad (5-16)$$

式中，x代表各组的标志值；f代表各组单位数（反映各组变量值出现的次数）。

计算加权算术平均数时有两种情况：一是由单项式变量数列计算；二是由组距式数列计算。

（1）根据单项式变量数列计算算术平均数。

由单项式变量数列计算算术平均数，是将各组的标志值乘以相应的各组单位数求出各组标志总量，并加总得到总体的标志总量，同时把各组单位数相加求出总体单位总数，然后再用总体单位总数去除总体标志总量，即得算术平均数。

【例5－17】某车间20名工人日产量资料如表5－1所示。

表5－1　某车间工人按日产量分组资料

日产量（件）x	工人人数（人）f	每组工人日产量（件）xf
13	2	26
14	7	98
15	8	120
16	2	32
17	1	17
合计	20	293

根据上述资料，计算该车间工人的平均日产量，应先求出各组工人的总产量和全车间工人的总产量，然后将总产量和工人数相比，得出平均数，则该车间工人平均日产量为：

$$平均日产量=\frac{293}{20}\approx 15\ （件）$$

通过以上公式和表 5－1 资料计算的结果不难看出，加权算术平均数的大小，不仅受总体各组变量值 x 的影响，同时也受各组单位数（次数）f 的影响。在总体各组变量值已定的情况下，各组变量值出现次数的多少对平均数的大小则起着权衡轻重的作用，出现次数多的变量值对平均数的影响要大些，出现次数少的标志值对平均数的影响也相应的小。故把各组单位数（次数）f 称为权数，把标志值与次数相乘称为加权。

这里需要说明一点，如果各组次数(权数)完全相等，即 $f_1=f_2=f_3=\cdots=f_n$，则各组次数(权数)对平均数的影响就会相同，从而它不再起权衡轻重的作用。这时加权算术平均数就等于简单算术平均数。

所以，简单算术平均数其实就是权数相等的加权算术平均数，也就是说，当变量数列中各组次数相同时，可直接用简单算术平均法计算平均数，即用各组标志值之和除以组数。因此，简单算术平均数是加权算术平均数的一个特例。

权数除用各组单位数 f（属于绝对数）表示外，还可用各组单位数 f 占总体单位总数 $\sum f$ 的比重（$f/\sum f$）（属于相对数）即频率表示。以频率为权数的加权算术平均数的计算公式可表示为：

$$\bar{x}=\sum x\cdot\frac{f}{\sum f} \tag{5-17}$$

【例 5－18】 以表 5－1 的资料计算各组工人人数比重（频率），如表 5－2，据此计算其平均日产量。

则该车间平均日产量为：

$$\bar{x}=\sum x\cdot\frac{f}{\sum f}$$
$$=13\times 10\%+14\times 35\%+15\times 40\%+16\times 10\%+17\times 5\%\approx 15\ （件）$$

表 5－2　**某车间工人按日产量分组资料**

日产量（件）	工人人数	
	绝对数（人）	比重（%）
x	f	$\frac{f}{\sum f}$
13	2	10
14	7	35
15	8	40
16	2	10
17	1	5
合计	20	100

可见，计算加权算术平均数时，采用绝对数权数和采用相对数权数，计算结果是完全一致的。

通过以上的分析，可见权数对平均数的影响作用，不取决于同一总体内各组单位数（次数）的多少，而取决于各组单位数占总体单位数的比重（频率）的大小。

（2）根据组距式变量数列计算算术平均数。

在实际工作中，有时需要根据组距式变量数列计算平均数。它的计算方法与单项式变量数列基本相同，不同的只是要先计算出各组的组中值，再以组中值作为某一组变量值的代表值来进行计算。

【例5-19】某企业某月工人工资资料如表5-3所示。

表5-3 某企业某月工人工资分组情况表

月工资额（元）	工人人数（人）	组中值（元）	各组工人工资（元）
—	f	x	xf
800以下	270	700	189000
800~1000	525	900	472500
1000~1200	1350	1100	1485000
1200~1400	780	1300	1014000
1400以上	75	1500	112500
合计	3000	—	3273000

根据表5-3的资料，计算该企业工人平均工资为：

$$\bar{x}=\frac{\sum xf}{\sum f}=\frac{3273000}{3000}=1091\text{（元）}$$

3. 算术平均数的性质

（1）算术平均数与标志值个数（单位总数）的乘积等于各标志值的总和；

（2）各个标志值与其算术平均数离差之和等于零；

（3）各个标志值与其算术平均数离差平方和为最小值；

（4）如果对每个标志值加或减一个任意值A，则其算术平均数也增加或减少该数A；

（5）如果对每个标志值乘或除以一个任意值A，则其算术平均数也等于乘或除以该数A。

课堂练习与活动

某地区2011年的人均国民收入为7000元，人均生活费支出为3000元，这两个指标均属于平均指标，对吗？说明理由。

（二）调和平均数

调和平均数又称倒数平均数，它是利用标志值的倒数计算的，是标志值倒数的算术平均数的倒数。在社会经济统计中，往往由于只有各组标志总量和各组变量值而缺乏总体单位数资料，不能直接采用算术平均数计算，这时就需要将算术平均数的形式加以改变，按照算术平均数基本算式的需要，算出所需总体单位数，继而再计算平均数，这样就得到另一种平均数的计算方法，就是调和平均数。可见，调和平均数主要是作为算术平均数的变形形式来使用的。其主要特点是用各组的标志总量（m = xf）作权数，其变量值多为相对数和平均数。根据掌握资料的不同，调和平均数有简单调和平均数和加权调和平均数两种。

1. 简单调和平均数

简单调和平均数方法适用于未分组资料或资料虽已分组，但各组标志总量均相等的情况。其计算公式为：

$$H=\frac{1+1+\cdots+1}{\frac{1}{x_1}+\frac{1}{x_2}+\cdots+\frac{1}{x_n}}=\frac{n}{\sum\frac{1}{x}} \tag{5-18}$$

式中，H 代表调和平均数；n 代表标志值个数；x 代表标志值。

【例 5－20】 在市场上购买某种商品，甲级每千克 1.0 元，乙级每千克 0.9 元，丙级每千克 0.7 元，现各花 1 元购买每级商品，求平均每千克的价格。

按照基本公式要求，总体标志总量应是总金额，即 1＋1＋1＝3（元），而总体单位总量是购买该商品总的千克数为：$\frac{1}{1}+\frac{1}{0.9}+\frac{1}{0.7}=3.54$（千克），则：

$$平均每千克单价=\frac{3}{3.54}=0.85（元）$$

2. 加权调和平均数

加权调和平均数方法适用资料已分组，且各组标志总量不相等的情况。其计算公式为：

$$H=\frac{m_1+m_2+\cdots+m_n}{\frac{m_1}{x_1}+\frac{m_2}{x_2}+\cdots+\frac{m_n}{x_n}}=\frac{\sum m}{\sum\frac{m}{x}} \tag{5-19}$$

式中，m 代表各组标志总量。

【例 5－21】 如［例 5－20］，若甲级买 3 元，乙级买 4 元，丙级买 5 元，求平均每千克的价格。

按基本公式要求，总体标志总量，即总金额为 3＋4＋5＝12（元），而总体单位总量即总的千克数为：$\frac{3}{1}+\frac{4}{0.9}+\frac{5}{0.7}=14.58$（千克）。则：

$$平均每千克单价=\frac{3+4+5}{\frac{3}{1}+\frac{4}{0.9}+\frac{5}{0.7}}=0.82（元）$$

不难发现，调和平均数与算术平均数从计算内容上看，二者是一致的，均为总体标志总量与总体单位总量的对比。从形式上看，调和平均数是算术平均数的变形。

在实际工作中，有时要平均的变量值本身是由两个数值对比而成的相对数或平均数，这时，就要采用分子指标总数除以分母指标总数的方法计算其平均数。根据所用资料的不同，可采用加权算术平均法或加权调和平均法，对相对数或平均数计算平均指标。现举例说明。

【例 5－22】 某公司所属 3 个工厂 2011 年的产值完成情况及计划产值资料如表 5－4 所示：

表 5－4　　3 个工厂产值计划完成程度及计划产值

工　厂	计划完成程度（%）x	计划产值（万元）f
甲	95	750
乙	105	300
丙	110	450
合计	—	1500

则3个工厂平均计划完成程度为：

$$\text{平均计划完成程度}=\frac{\text{实际产值总额}}{\text{计划产值总额}}=\frac{\sum(\text{各厂计划完成程度}\times\text{计划产值})}{\sum(\text{各厂计划产值})}$$

$$=\frac{\sum xf}{\sum f}=\frac{95\%\times750+105\%\times300+110\%\times450}{750+300+450}$$

$$=\frac{1522.5}{1500}=101.5\%$$

【例5－23】 假如［例5－22］中已知的是某公司所属3个工厂2011年的产值完成情况及实际产值资料（如表5－5所示），计算3个工厂平均计划完成程度。

表5－5　3个工厂产值计划平均完成程度及实际产值

工　厂	计划完成程度（%）x	实际产值（万元）m＝xf
甲	95	712.5
乙	105	315
丙	110	495
合计	—	1522.5

3个工厂平均计划完成程度为：

$$\text{3个工厂平均计划完成程度}=\frac{\text{实际产值总额}}{\text{计划产值总额}}=\frac{\sum(\text{各厂实际产值})}{\sum\left(\dfrac{\text{各厂实际产值}}{\text{各厂计划完成程度}}\right)}$$

$$=\frac{\sum m}{\sum\frac{m}{x}}=\frac{712.5+315+495}{\frac{712.5}{95\%}+\frac{315}{105\%}+\frac{495}{110\%}}=\frac{1522.5}{1500}=101.5\%$$

从［例5－23］中可以看到，如果有比值和比式分母的资料，就要以分母作权数，采用加权算术平均法计算平均指标；如果有比值和比式分子的资料，就要以分子作权数，采用加权调和平均法计算平均指标。

（三）几何平均数

几何平均数是n个变量值连乘积的n次方根，主要用来计算平均比率和平均速度。在现实生活中，有些现象总体的标志总量不等于各单位标志值之和，而是等于各单位标志值之积。比如，流水生产线产品总合格率等于各车间产品合格率之积；按复利计算的若干年总的年本利率等于各年年本利率之积；一定时期现象发展的总速度等于各期发展速度之积，等等。在这些情况下，计算平均比率和平均速度不能采用算术平均数和调和平均数的方法，而应采用几何平均数的方法。

根据所掌握的资料的不同，几何平均数的计算方法也有简单和加权两种形式。

1. 简单几何平均数

简单几何平均数方法适用于未分组资料或资料虽已分组，但各组标志值出现次数均相等的情况。其计算公式为：

$$G=\sqrt[n]{x_1\cdot x_2\cdot x_3\cdots x_n}=\sqrt[n]{\prod x}\qquad(5-20)$$

式中，G代表几何平均数；x代表各个标志值；n是变量值个数；∏是连乘符号。

【例 5－24】某企业生产某种产品需经过毛坯、粗加工、精加工、装配 4 个流水作业的车间才能完成，现已知 2012 年 3 月份各车间的产品合格率分别为 95%、93%、94% 和 92%，求各车间产品的平均合格率。

由于各车间的产品合格率是在其前一车间的合格产品的基础上计算的，因此，产品的总合格率并不等于各个车间的产品合格率的总和而是连乘积，所以，计算平均合格率应当采用几何平均数的方法。

即各车间产品的平均合格率为：

$$G=\sqrt[4]{95\%\times93\%\times94\%\times92\%}=93.5\%$$

2. 加权几何平均数

加权几何平均数方法适用于分组资料，且各组标志值出现次数不相等的情况。其计算公式为：

$$G=\sqrt[f_1+f_2+f_3+\cdots+f_n]{x_1^{f_1}\cdot x_2^{f_2}\cdot x_3^{f_3}\cdots x_n^{f_n}}=\sqrt[\Sigma f]{\prod x^f} \qquad (5-21)$$

式中，f 代表各标志值出现的次数（权数）。

【例 5－25】某银行的某项存款年利率是按复利计算的，10 年的年利率分配是：5 年为 6%、2 年为 8.2%、2 年为 9%、1 年为 10.6%，求 10 年的平均年利率。

计算平均年利率时，根据研究对象性质必须先将各年利率加 100% 换算成各年本利率，然后按加权几何平均法计算平均年本利率，再减 100% 求得平均年利率。具体计算如下：

$$平均年本利率=\sqrt[5+2+2+1]{1.06^5\times1.082^2\times1.09^2\times1.106^1}=107.5\%$$

$$平均年利率=107.5\%-100\%=7.5\%$$

几何平均数常用于平均发展速度和平均增长速度的计算，这部分内容将在第六章动态数列分析法中介绍，这里不再赘述。

（四）中位数

如果把现象总体的各单位标志值按大小顺序加以排列，这时处于数列中点位置的标志值，就是中位数。中位数的概念表明，数列中应有一半项目的数值小于中位数，一半项目的数值大于中位数。中位数属于位置平均数，不受数列中极端变量值的影响，在这一点上它优于算术平均数。所以在实际工作中，当被研究总体单位的变量值很多，而且明显存在极端数值的情况下，用中位数比算术平均数更能代表总体的一般水平。

由于所掌握的资料有未分组和已分组两种情况，确定中位数的方法有以下几种：

1. 由未分组资料确定中位数

在资料未经分组时，将各变量按大小顺序排列后，按下列公式确定中位数的位置：

$$中位数位置=\frac{n+1}{2} \qquad (5-22)$$

式中，n 代表数列项数。

（1）如果项数是奇数，则居于中间位置的那个变量值就是中位数。

【例 5－26】有 5 位学生的年龄（岁）顺序排列为：15、18、19、20、23，求中位数。

中位数位置 $=\frac{5+1}{2}=3$，表明中位数应在第三个位置上，则：

中位数 = 19（岁）

（2）如果项数是偶数，则中间位置的两边变量值的算术平均数为中位数。

【例5-27】如果［例5-26］中有6名同学，其年龄（岁）顺序排列是：15、18、19、20、21、23，求中位数。

中位数位置 $=\frac{6+1}{2}=3.5$，表明中位数应在第三和第四个中间的位置上，则：

$$中位数=\frac{19+20}{2}=19.5\ （岁）$$

2. 由分组资料确定中位数

根据变量数列确定中位数，按下列公式确定中位数的位置：

$$中位数位置=\frac{\sum f}{2} \tag{5-23}$$

由于变量数列有单项式数列和组距式数列之分，所以具体计算有两种情况：

（1）单项式数列确定中位数。先计算各组的累计次数（向上累计或向下累计），然后根据中点的位置 $\frac{\sum f}{2}$（$\sum f$ 相当于 n）对照累计次数来确定中位数所在组，中位数所在组的变量值就是中位数。

【例5-28】仍以某车间20名工人日产量资料为例，确定中位数，计算列表见表5-6。

据表5-6资料计算：

$$中位数位置=\frac{\sum f}{2}=\frac{20}{2}=10\ （人）$$

表5-6　　某车间工人日产量及累计次数资料

日产量（件）x	工人人数（人）f	累计次数（人）	
		由低到高（向上累计）	由高到低（向下累计）
13	2	2	20
14	7	9	18
15	8	17	11
16	2	19	3
17	1	20	1
合　计	20	—	—

即中位数应在第10人的位置上。根据计算出的累计次数资料可知，中位数位于第三组，因此该组为中位数所在组。

中位数所在组对应的变量值就是我们所确定的中位数，则：

中位数 = 15（件）

（2）组距式数列确定中位数。根据组距式数列确定中位数的步骤如下：①确定中位数所在组，具体方法同单项式变量数列；②计算中位数的近似值，采用中位数的组限公式（上限公式和下限公式）计算。

中位数的下限公式：

$$M_e=L+\frac{\frac{\sum f}{2}-S_{m-1}}{f_m}\times d \tag{5-24}$$

式中，M_e 为中位数；L 为中位数所在组的下限；$\sum f$ 为总次数或次数总和；S_{m-1} 为中位数所在组以下的累计次数；f_m 为中位数所在组的次数；d 为中位数所在组的组距。

中位数的上限公式：

$$M_e = U - \frac{\frac{\sum f}{2} - S_{m+1}}{f_m} \times d \qquad (5-25)$$

式中，U 为中位数所在组的上限；S_{m+1} 为中位数所在组以上的累计次数；其他同下限公式。

【例 5-29】 现仍以某企业某月工人工资分组资料为例，确定中位数，计算列表如表 5-7。

据表 5-7 资料计算：

$$中位数位置 = \frac{\sum f}{2} = \frac{3000}{2} = 1500$$

表 5-7　　　**某企业某月工人工资分组情况表**

工资额（元）	工人人数（人）f	累计次数（人）	
		由低到高（向上累计）	由高到低（向下累计）
800 以下	270	270	3000
800～1000	525	795	2730
1000～1200	1350	2145	2205
1200～1400	780	2925	855
1400 以上	75	3000	75
合　计	3000	—	—

即中位数应使这个数列中各有 1500 名工人的工资在其上下。根据计算出的累计次数资料可知，中位数位于第三组，则 1000～1200 组就是中位数所在组。

按下限公式计算中位数：

$$M_e = L + \frac{\frac{\sum f}{2} - S_{m-1}}{f_m} \times d = 1000 + \frac{\frac{3000}{2} - 795}{1350} \times 200 \approx 1104.44 \text{（元）}$$

按上限公式计算：

$$M_e = U - \frac{\frac{\sum f}{2} - S_{m+1}}{f_m} \times d = 1200 - \frac{\frac{3000}{2} - 855}{1350} \times 200 \approx 1104.44 \text{（元）}$$

可见，不论是按照下限公式还是上限公式，同一资料所计算的中位数是完全一致的。

（五）众数

众数是指总体中出现次数最多的变量值。它也属于位置平均数，不受极端数值的影响，最适合在总体单位的变量值分布相当集中，变量值中两极端值差距很大的情况下采用。比如，要了解消费者所购买衣服、鞋袜中最普遍的号码，销售量最大的家用电器的牌号和规格，职工中最普遍的月工资额，农贸市场上销售量最大的商品价格等等，都可以用众数来说明。

但是必须明确，不是任何统计资料都能计算众数。只有在总体单位数比较多，而变量值又有明显集中趋势的条件下，才能应用众数来分析说明问题。如果总体单位数较少或总体单位数虽多，但其变量值并无明显的集中趋势，是不宜应用众数的。

根据掌握的统计资料不同，众数有不同的确定方法。

1. 由单项式变量数列确定众数

根据单项式变量数列确定众数比较简单，只要看哪个组的变量值出现的次数最多，那个变量值就是众数，就可代表总体的一般水平。

【例5-30】某鞋店2011年3月份女式皮鞋销售量资料如表5-8所示。

表5-8　某鞋店女式皮鞋销售量资料

女式皮鞋号码	月销售量（双）
22.5	40
23	100
23.5	203
24	417
24.5	180
25	10
合计	950

从表5-8资料中可看出，24号女式皮鞋出现的次数最多，在全部女式皮鞋月销售量950双中占43.89%，大大超过了其他各种号码女式皮鞋销售量，这时就可以认为该皮鞋店销售的各种号码的女式皮鞋中，24号为众数，即24号为需要量最多的鞋号。可以此作为安排生产或组织女式皮鞋进货时的参考。

2. 由组距式数列确定众数

组距式数列确定众数比较复杂。应先根据各组次数确定众数所在组，其方法同单项式变量数列；然后再由众数的组限公式确定众数的近似值。

众数的下限公式：

$$M_0 = L + \frac{\Delta_1}{\Delta_1 + \Delta_2} \times d \tag{5-26}$$

式中，M_0为众数；L为众数所在组的下限；Δ_1为众数组次数与下一组次数之差；Δ_2为众数组次数与上一组次数之差；d为众数所在组的组距。

众数的上限公式：

$$M_0 = U - \frac{\Delta_2}{\Delta_1 + \Delta_2} \times d \tag{5-27}$$

式中，U代表众数组的上限；其他同下限公式。

【例5-31】某市60个超市的年销售额分组资料，如表5-9所示。

（1）根据表5-9资料确定众数所在组：因为在该市60个超市中，年销售额在70～90万元之间的最多，有26个，占43.3%，所以该组就是众数组。

表 5－9　　某地区商店年销售额情况

年销售额（万元）	商店数（个）	商店数比重（%）
50 以下	8	26
50～70	10	36
70～90	26	18
90～110	9	10
110 以上	7	10
合计	60	100

（2）由众数的组限公式确定众数的近似值：

用下限公式计算：

$$M_0 = L + \frac{\Delta_1}{\Delta_1 + \Delta_2} \times d = 70 + \frac{16}{16+17} \times 20 = 79.7 \text{（万元）}$$

用上限公式计算：

$$M_0 = U - \frac{\Delta_2}{\Delta_1 + \Delta_2} \times d = 90 - \frac{17}{16+17} \times 20 = 79.7 \text{（万元）}$$

可见，上限公式与下限公式计算结果相同，这表明该市超市年销售额的一般水平为 79.7 万元。

三、算术平均数、中位数和众数的关系

算术平均数、中位数和众数按不同方法确定，并且含义不同，但都是作为反映总体一般水平的平均指标，因此，彼此之间有一定的关系，而这种关系取决于总体内的次数分配状况。

在次数分布完全对称（即正态分布）时，次数分配是以算术平均数为对称轴，两边的次数相等，同时，它的次数开始由小到大逐渐增加，达到次数最多时为最高峰，而后由大变小逐渐减少，形成两边对称。因而，算术平均数与中位数、众数合而为一，即：$\bar{x} = m_e = m_0$，如图 5－1 所示。

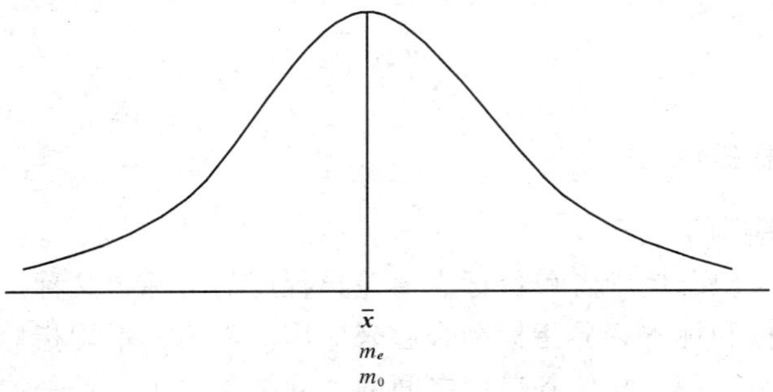

图 5－1　正态分布

在次数分配非对称的情况下，算术平均数、中位数和众数之间存在着一定的差别，这种差别取决于非对称的程度。非对称的程度越大，它们之间的差别越大；非对称的程度越小，

它们之间的差别越小。如果存在非正常的极端标志值，那么，次数分配就产生偏斜。这些极端标志值对这三种平均指标的影响是不同的。众数不受极端值的影响，中位数只受极端值的位置影响，不受其数值影响，而算术平均数则受所有标志值的影响，极端值对它的影响最大。当次数分配右偏时，意味着算术平均数受大的极端值影响，就有$\bar{x} > m_e > m_0$；当次数分配左偏时，意味着算术平均数受小的极端值影响，就有$\bar{x} < m_e < m_0$。同时，无论是右偏或左偏，中位数总是介于算术平均数与众数之间。

算术平均数、中位数和众数的这种关系，通常用统计图形表示如图 5－2、图 5－3。

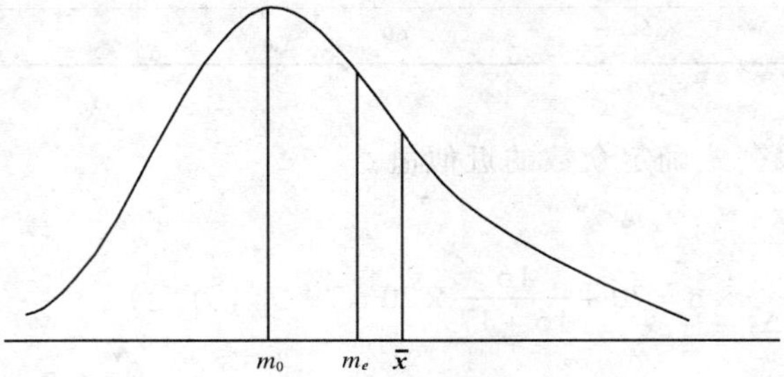

图 5－2　右偏分布

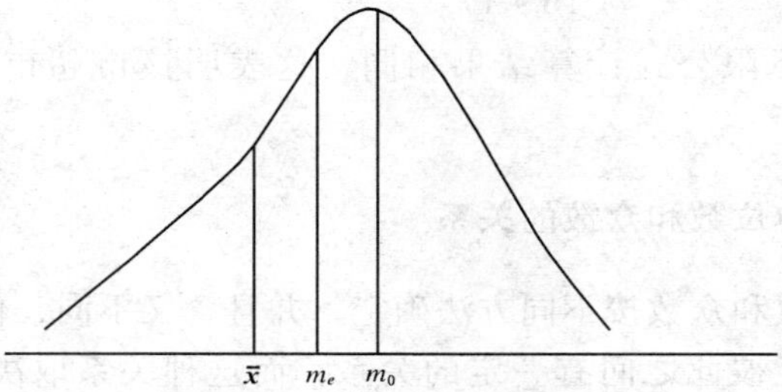

图 5－3　左偏分布

第四节　标志变异指标

一、标志变异指标概述

（一）标志变异指标的含义

标志变异指标是反映总体中各单位标志值差异程度的指标，又称标志变动度。在统计研究中，经常把平均指标和标志变异指标结合起来应用。因为，平均指标可以综合反映总体某一数量标志的一般水平，却把总体各单位之间的差异抽象化了，且平均指标本身也无法说明其代表性的大小，而标志变异指标却正好弥补了这一点，所以，两者紧密联系，分别从不同角度分析现象的特征。

平均指标和标志变异指标的区别主要是：①前者是反映抽象变量值之间差异而成的结果，后者则是反映变量之间差异而成的结果；②前者反映了总体分布的集中趋势，后者则反映了总体分布的离中趋势。

（二）标志变异指标的作用

测定标志变异指标具有以下重要的作用：

(1) 标志变异指标是评价平均数代表性的依据。在计算平均指标时，我们会发现平均指标代表性的大小与总体各单位标志值的差异程度有着密切的关系。标志变异指标愈小，说明总体各单位标志值的差异程度愈小，总体各单位的标志值就比较集中，与平均指标比较接近，平均指标代表性就大；反之，平均指标的代表性就愈小。

(2) 标志变异指标可以反映社会经济活动过程的稳定性和均衡性。一般说来，标志变异指标值越小，说明现象变动越均衡稳定；反之，则均衡性和稳定性较差。例如，要反映计划执行情况是否均衡，有无前松后紧现象；产品质量是否稳定在允许范围之内；农作物品种在不同地块上试种，单位产量是否稳定，有无大起大落情况，等等，都可以借助于标志变异指标来反映。

(3) 标志变异指标是统计分析的重要指标。在统计分析中，进行相关分析、抽样推断和统计预测等，都需要利用标志变异指标。

二、标志变异指标的种类及计算

标志变异指标一般有全距、平均差、标准差、变异系数（包括全距系数、平均差系数、标准差系数），其中，最常用的是标准差和标准差系数，下面仅对标准差和标准差系数加以介绍。

（一）标准差

标准差是总体各单位标志值与其算术平均数离差平方的算术平均数的平方根，又叫均方差。它是测定标志变异程度最常用、最主要的指标，在实际工作中应用极为广泛。

计算标准差的步骤为：①求总体某一数量标志值的算术平均数；②求总体各标志值与其算术平均数的离差；③求离差的平方；④求各项离差平方的算术平均数；⑤对离差平方的算术平均数开平方。

标准差的计量单位与平均指标相同，是反映标志变动度的绝对指标。由于掌握资料的不同，标准差的计算方法也分简单平均式和加权平均式两种情况。

1. 简单平均式

在资料未分组的条件下，可采用简单平均式计算标准差，其计算公式为：

$$\sigma = \sqrt{\frac{\sum (x-\bar{x})^2}{n}} \tag{5-28}$$

式中，σ 代表标准差。

【例 5-32】某班甲、乙两个学习小组各有 5 名学生，其统计学考试成绩如表 5-10 所示，分别计算标准差并比较其平均成绩的代表性。

表 5－10　　标准差计算表

甲组（$\bar{x}=70$ 分）			乙组（$\bar{x}=70$ 分）		
成绩（分）	离差	离差平方	成绩（分）	离差	离差平方
x	$x-\bar{x}$	$(x-\bar{x})^2$	x	$x-\bar{x}$	$(x-\bar{x})^2$
50	－20	400	60	－10	100
60	－10	100	65	－5	25
70	0	0	70	0	0
80	10	100	75	5	25
90	20	400	80	10	100
合计	—	1000	合计	—	250

$$甲组：\sigma=\sqrt{\frac{\sum(x-\bar{x})^2}{n}}=\sqrt{\frac{1000}{5}}=14.14（分）$$

$$乙组：\sigma=\sqrt{\frac{\sum(x-\bar{x})^2}{n}}=\sqrt{\frac{250}{5}}=7.07（分）$$

计算结果表明，在甲、乙两个学习小组平均成绩相等的条件下，甲组的标准差比乙组的标准差大，因而甲组平均成绩的代表性比乙组小。

2. 加权平均式

在分组的条件下，可采用加权平均法计算标准差。其计算公式为：

$$\sigma=\sqrt{\frac{\sum(x-\bar{x})^2f}{\sum f}} \qquad (5-29)$$

式中，f 为各变量值出现的次数。

【例 5－33】现有某车间 100 名工人的日产量资料（见表 5－11），计算其标准差。

表 5－11　　标准差计算表

日产量（千克）	工人人数（人）	组中值（千克）	总产量（千克）	离差	离差平方	离差平方×权数
－	f	x	xf	$x-\bar{x}$	$(x-\bar{x})^2$	$(x-\bar{x})^2f$
30～40	5	35	175	－17	289	1445
40～50	35	45	1575	－7	49	1715
50～60	45	55	2475	3	9	405
60～70	15	65	975	13	169	2535
合计	100	—	5200	—	—	6100

$$\bar{x}=\frac{\sum xf}{\sum f}=\frac{5200}{100}=52（千克）$$

$$\sigma=\sqrt{\frac{\sum(x-\bar{x})^2f}{\sum f}}=\sqrt{\frac{6100}{100}}=7.81（千克）$$

3. 是非标志标准差

是非标志（又称交替标志）是指仅有两种标志表现的品质标志。例如产品质量标志表现为合格品和不合格品，人口性别标志表现为男性和女性等。要测定这类标志的变动程度，也需要计算标准差，其原理与前述的内容一致，但在计算的表现形式上有所区别。由于品质标志通常用文字表示为“是”或“非”，而不是用数量来表示的，所以，首先应将是非标志的具体表现数量化，即将其标志表现（x）分别用“1”和“0”来表示，然后计算其平均数和标准差。

设全部总体单位数为N，具有某种性质的单位数为N_1，其比重为$\frac{N_1}{N}=p$；不具有某种性质的单位数为$N_0(f)$，其比重为$\frac{N_0}{N}=q$（或$1-p$）。这样一来，其平均数和标准差可列表计算如下（见表5-12）。

表5-12　是非标志平均数和标准差计算表

标志值	单位数	标志值乘单位数	离差（$\bar{x}=p$）	离差平方	离差平方乘权数
x	f	xf	$x-\bar{x}$	$(x-\bar{x})^2$	$(x-\bar{x})^2f$
1 0	N_1 N_0	N_1 0	$1-p$ $0-p$	$(1-p)^2$ p^2	$(1-p)^2N_1$ p^2N_0
合计	N	N_1	—	—	$(1-p)^2N_1+p^2N_0$

是非标志的平均数为：

$$\bar{x}=\frac{\sum xf}{\sum f}=\frac{N_1}{N}=p$$

是非标志的标准差为：

$$\begin{aligned}\sigma&=\sqrt{\frac{\sum(x-\bar{x})^2f}{\sum f}}=\sqrt{\frac{(1-p)^2N_1+p^2N_0}{N}}=\sqrt{\frac{(1-p)^2N_1}{N}+\frac{p^2N_0}{N}}\\&=\sqrt{(1-p)^2p+p^2(1-p)}=\sqrt{p(1-p)(1-p+p)}\\&=\sqrt{p(1-p)}=\sqrt{pq}\end{aligned}\qquad(5-30)$$

计算结果表明，是非标志的平均数就是具有所研究标志值的单位数在全部总体单位中所占的比重。是非标志的标准差就是具有所研究标志值的单位数在全部总体中的比重（p）与不具有所研究标志值的单位数在全部总体中的比重（q）二者乘积的平方根。

是非标志的标准差在抽样推断中具有重要的作用。

（二）标准差系数

标准差是用绝对数量来说明标志变动度的，其数值受标志值和平均数大小的影响，因而只适宜于衡量相同水平总体的平均数的代表性。因此，在比较两个不同水平总体平均数代表性时，就不能采用标准差，而必须消除平均水平高低影响，用标准差除以平均数得到的相对数来进行比较，这个相对数就是标准差系数。标准差系数越大，说明平均数的代表性越差；反之，说明平均数的代表性越好。其计算公式为：

$$V_\sigma=\frac{\sigma}{\bar{x}}\times100\%\qquad(5-31)$$

式中，V_σ 代表标准差系数。

【例 5－34】甲、乙两班学生数学考试成绩如下：甲班平均成绩为 81 分，标准差为 10 分；乙班平均成绩为 75 分，标准差为 8.5 分，试比较甲、乙两班平均成绩哪个代表性大？

因为两班学生的平均成绩不相等，所以应采用标准差系数进行比较。

$$V_{\sigma甲}=\frac{10}{81}\times100\%=12.35\% \qquad V_{\sigma乙}=\frac{8.5}{75}\times100\%=11.33\%$$

计算结果表明，$V_{\sigma甲}>V_{\sigma乙}$，说明乙班平均成绩更具代表性。

课堂练习与活动

1. 在甲、乙两变量数列中，标准差分别为 7.07 和 3.41，平均水平分别为 70 和 7，则两变量数列哪个平均数代表性大？

2. 一群牛的平均体重是 180 千克，标准差是 18 千克；一群羊的平均体重是 15 千克，标准差是 3 千克，能不能说羊的平均体重的代表性高些？为什么？

本章知识架构

- 综合指标分析法
  - 总量指标
    - 含义、作用
    - 计量单位（实物单位、货币单位、劳动量单位）
    - 种类
      - 按内容（总体单位总量指标、总体标志总量指标）
      - 按时间（时期指标、时点指标）
      - 按计量单位（实物指标、价值指标、劳动量指标）
  - 相对指标
    - 含义、作用
    - 表现形式
      - 无名数（系数、倍数、成数、百分数、千分数）
      - 有名数
    - 种类
      - 结构相对指标（含义、计算方法、注意事项、应用）
      - 比例相对指标（含义、计算方法、注意事项、应用）
      - 比较相对指标（含义、计算方法、注意事项、应用）
      - 强度相对指标（含义、计算方法、注意事项、应用）
      - 动态相对指标（含义、计算方法、注意事项、应用）
      - 计划完成程度相对指标（含义、基本计算公式、注意事项、短期和长期计划检查方法、应用）
  - 平均指标
    - 含义、特点、作用
    - 种类
      - 数值平均数
        - 算术平均数（应用条件、具体方法）
        - 调和平均数（应用条件、具体方法）
        - 几何平均数（应用条件、具体方法）
      - 位置平均数
        - 中位数（应用条件、具体方法）
        - 众数（应用条件、具体方法）
    - 关系
      - 正态分布：$\bar{x}=m_e=m_0$
      - 右偏分布：$\bar{x}>m_e>m_0$
      - 左偏分布：$\bar{x}<m_e<m_0$
  - 标志变异指标
    - 含义、作用
    - 种类
      - 全距（略）
      - 平均差（略）
      - 标准差（含义、计算方法、应用）
      - 标准差系数（含义、计算方法、应用）

复习思考题

1. 什么是总量指标？有哪些种类？
2. 时期指标与时点指标的特点是什么？
3. 什么是相对指标？其表现形式有哪些？
4. 什么是平均指标？有什么特点？
5. 标志变异指标有什么作用？标准差和标准差系数分别在什么情况下应用？

案例分析

1. 某地科学试验站计划推广A、B两种小麦新品种，推广前分别在四块不同耕地上进行试验，其产量如下（见表5－13）：

表5－13

A品种			B品种		
序号	播种面积（亩）	亩产量（斤）	序号	播种面积（亩）	亩产量（斤）
1	20	800	1	15	820
2	25	850	2	22	870
3	35	900	3	26	960
4	38	1020	4	30	1000

你能根据上述资料分析判断哪种小麦更值得推广吗？

分析如下：

要判断哪种小麦更值得推广，是要看哪种小麦的稳定性好，稳定性好的值得推广。而比较其稳定性，需比较其平均亩产量的代表性大小，因此，需要计算其标志变异指标来比较。

因为 $\bar{x}_A = \frac{\sum xf}{\sum f} = \frac{800 \times 20 + 850 \times 25 + 900 \times 35 + 1020 \times 38}{20 + 25 + 35 + 38}$

$= \frac{107510}{118} = 911.10$（斤）

$\sigma_A = \sqrt{\frac{\sum (x - \bar{x})^2 f}{\sum f}} = 82.09$（斤）

$V_{\sigma A} = \frac{82.09}{911.10} \times 100\% = 9.01\%$

$\bar{x}_B = \frac{\sum xf}{\sum f} = \frac{820 \times 15 + 870 \times 22 + 960 \times 26 + 1000 \times 30}{15 + 22 + 26 + 30}$

$= \frac{86400}{93} = 929.03$（斤）

$$\sigma_B = \sqrt{\frac{\sum (x-\bar{x})^2 f}{\sum f}} = 68.08 \text{（斤）}$$

$$V_{\sigma B} = \frac{68.08}{929.03} \times 100\% = 7.33\%$$

$V_{\sigma B} < V_{\sigma A}$，则B品种小麦平均亩产量代表性大，其亩产量的稳定性比较好。所以，B品种小麦更值得推广。

2. 下面有两个统计分析报告摘录：

（1）某局所属20个工厂，本月完成生产计划的情况是：完成90%的有2个，计划总产值为400万元；完成95%的有4个，计划总产值为200万元；完成100%的有6个，计划总产值为250万元；完成110%的有5个，计划总产值为300万元；完成120%的有3个，计划总产值为220万元。全局平均完成生产计划为：

$$103.5\%\left(\frac{90\% \times 2 + 95\% \times 4 + 100\% \times 6 + 110\% \times 5 + 120\% \times 3}{20}\right)。$$

（2）某厂开展增产节约运动后，产品成本月月下降，取得了显著的成绩，根据财务部门的报告，1月份总成本20000元，单位成本16元；2月份总成本30000元，单位成本降到11元；3月份总成本50000元，单位成本仅9元。这样，第一季度平均单位产品成本只有12元$\left(\frac{16+11+9}{3}\right)$。

问题：以上分析报告所用平均指标是否恰当？如果不恰当，应如何改正？

分析如下：

两个分析报告所用平均指标都不恰当。

报告（1）和（2）中的计划完成程度和单位成本分别属于相对指标和平均指标，在计算平均数时，不能直接对其进行简单算术平均，而应用分子指标总和除以分母指标总和。所以，（1）中的全局平均完成生产计划为：

$$\frac{90\% \times 400 + 95\% \times 200 + 100\% \times 250 + 110\% \times 300 + 120\% \times 220}{400 + 200 + 250 + 300 + 220}$$

$$\approx 101.75\%$$

（2）中的第一季度平均单位产品成本为：

$$\frac{20000 + 30000 + 50000}{\frac{20000}{16} + \frac{30000}{11} + \frac{50000}{9}} = \frac{100000}{9533} = 10.49 \text{（元）}$$

第六章

动态数列分析法

从动态角度研究事物的发展，可以掌握现象发展变化的规律性。

学习目标

动态数列分析法是统计分析的基本方法之一，其依据是动态数列。通过本章内容的学习，要求明确动态数列的概念、作用、种类和编制原则；掌握动态数列的各种水平指标和速度指标的含义、计算方法及有关指标之间的相互关系；能够采用最小平方法进行直线趋势预测，以及利用按月（季）平均法进行季节变动的测定。

第一节 动态数列概述

一、动态数列的含义和作用

动态数列是指把反映同一社会经济现象在不同时间上的指标数值，按一定的时间顺序排列而成的统计数列，又称为时间数列。如表 6－1 就是一个动态数列。

表 6－1　　某地区历年国民生产总值资料　　单位：亿元

年　份	2003	2004	2005	2006	2007	2008	2009	2010	2011
国民生产总值	42	50	62	75	90	100	115	130	150

通过这一数列，可以看出该地区国民生产总值的发展变化过程及其趋势。

动态数列是由互相配对的两个数列构成：一是反映时间顺序的数列（现象发展所属时间），如表6－1的2003～2011年；二是反映各个时间的统计指标值变化的数列（即现象发展水平），如表6－1中各年的国民生产总值。

动态数列是进行动态分析的基础和依据，它在统计分析中，具有以下十分重要的作用：

（1）反映社会经济现象发展变化进程。编制动态数列可以反映社会经济现象发展变化的历史进程，描述社会经济现象发展变化的状态和结果。

（2）揭示社会经济现象发展变化规律。编制动态数列可以揭示社会经济现象发展变化的规律，预测其未来的发展趋势和进度。例如，对我国历年来工业产品产量资料的分析，就可以预测今后一段时间内的发展水平和发展速度，从而为国家制订社会经济长期发展计划提供重要依据。

（3）对比分析不同国家、地区、单位的发展水平。编制动态数列可以对比分析不同国家、地区、单位的发展水平，揭示其社会经济现象在发展过程中的差距。

二、动态数列的种类

动态数列按其数列中所排列的指标性质的不同，可以分为总量指标动态数列、相对指标动态数列和平均指标动态数列三种。其中，总量指标动态数列是基本数列，其余两种则是根据总量指标数列计算而派生的数列。

（一）总量指标动态数列

总量指标动态数列又称为绝对数动态数列，是由不同时间的同类总量指标，按时间先后顺序排列而成的数列。反映社会经济现象在各期达到的规模、水平及其发展变化情况。由于总量指标所反映的社会经济现象的性质不同，总量指标动态数列又可分为时期数列和时点数列。

1. 时期数列

总量指标动态数列中的总量指标，如果是反映现象在一段时间内发展过程的总量，这种数列称为时期数列。如表6－1就是一个时期数列。

2. 时点数列

总量指标动态数列中的总量指标，如果是反映现象在某一时刻上的总量，这种数列称为时点数列，如表6－2所示。

表6－2　　我国人口发展情况表　　单位：万人

年　份	2003	2004	2005	2006	2007	2008	2009	2010	2011
年末人口数	129227	129988	130756	131448	132129	132802	133474	134100	134735

时期数列与时点数列相比，有以下特点：

（1）时期数列中每个指标都是表示现象在一段时期内发展过程的总量，因此，各个指标值可以相加，相加后的合计数表示现象在更长时期内的总量；而时点数列每个指标值不能相加，因为相加的结果并不能说明是哪个时点的总量，没有实际意义，不能说明什么问题。

（2）时期数列中各指标数值的大小与时期的长短有直接关系，时期长则数值大；反之则小；而时点数列中各指标数值的大小与间隔时间的长短没有直接联系，间隔时间长，不一定数值就大；反之，也不一定小。

（3）时期数列中各指标数值是通过连续统计所得，而时点数列中各指标值只需在某个时点进行登记即可，不需连续统计。

（二）相对指标动态数列

相对指标动态数列是指由不同时间的相对指标按时间先后顺序排列而成的动态数列，又称相对数动态数列。它用来反映社会经济现象对比关系的发展过程及其规律，如表 6－3 所示。

表 6－3　　　　我国人口出生率情况　　　　单位：‰

年　份	2003	2004	2005	2006	2007	2008	2009	2010	2011
人口出生率	12.41	12.29	12.40	12.09	12.10	12.14	12.13	12.29	11.93

相对数动态数列中的各个指标是由两个指标对比而成的，因其计算基础不同，不能直接相加。

（三）平均指标动态数列

平均指标动态数列是指由不同时间的同一平均指标，按时间先后顺序排列而成的动态数列，又称为平均数动态数列。它用来反映社会经济现象一般水平的发展趋势，如表 6－4 所示。

表 6－4　　　　某企业近年来工人劳动生产率　　　　单位：万元/人

年　份	2004	2005	2006	2007	2008	2009	2010	2011
工人劳动生产率	1926	2090	2160	2210	2253	2366	2476	2622

表 6－4 中的数值，反映了自 2004 年以来，随着改革开放的不断深入，农民人均纯收入呈逐年增长的趋势。平均指标动态数列中的各项指标数值不能相加，加起来的数字毫无实际意义。

三、动态数列的编制原则

（一）时间长短应一致

由于时期数列中各指标数值的大小与所属时间长短有直接关系，因此，要求数列中各项指标所属时间长短应一致，否则，很难做出判断进行比较，对于时点数列，虽然各指标数值的大小与间隔长短没有直接关系，但各指标间的间隔也最好相等，以便于分析。

（二）总体范围应一致

动态数列中，各个指标所包含的总体范围前后应当统一，否则，前后资料将难以直接对比。例如，从 2000 年开始，在统计国有工业企业增加值等指标时，包括 500 万元以上的非国有企业，这样总体范围发生了变动，必须将资料进行调整，以保持指标的可比性。我国各地的行政区划时有变更，在进行动态分析时尤应注意。

（三）计算方法应一致

统计指标的计算方法，由于适应不同时期的发展情况，往往有所改变，为此，我们就要将这些指标按照统一的计算方法进行调整和核算，这样，才具有可比性。计算方法，即通常说的计算口径，包括统计方法、计算公式、计算价格、计量单位等，都要前后统一。如工业统计用工厂法，农业统计用产品法；产值指标，有现行价格和不变价格两种计算方法，对比时要统一调整为不变价。实物量的计量单位，要统一用国际标准，需要将过去使用的国内标准进行换算。

（四）经济含义应一致

经济含义，是指各个指标内容的同质性和经济内容的统一性。不同质的指标，不能混编动态数列，否则就缺乏可比性。因此，要注意动态数列中各指标经济含义的前后一致，不能就数量论数量，要对指标含义进行质的分析。

四、动态数列分析的内容

动态数列分析主要包括：水平分析、速度分析和趋势分析。

动态数列的水平分析包括：发展水平、平均发展水平、增减量和平均增减量；速度分析包括：发展速度、平均发展速度、增长速度、平均增长速度和增长1%的绝对值；趋势分析包括：长期趋势分析和预测、季节变动分析等等。

第二节 动态数列的水平分析

一、发展水平

发展水平是指动态数列中的每一项指标数值，用来反映社会经济现象在各个时期或时点上所达到的规模或水平。它既可以是总量指标，也可以是相对指标或平均指标，是计算其他动态分析指标的基础。

发展水平按其在动态数列中所处的位置不同，可分为：最初水平、最末水平和中间水平。现以2003～2011年我国人口自然增长率资料编制的动态数列说明这几个概念。如表6－5所示。

表6－5 我国人口自然增长率情况 单位：‰

年份	2003	2004	2005	2006	2007	2008	2009	2010	2011
人口自然增长率	6.01	5.87	5.89	5.28	5.17	5.08	5.05	5.87	4.79

最初水平（a_1）指动态数列中的第一项指标数值，即表6－5中2003年的自然增长率6.01‰。

最末水平（a_n）指动态数列中的最后一项指标数值，即表6－5中2011年的自然增长率4.79‰。

中间水平（a_i）指动态数列中除首尾两项指标数值之外的其余各项指标数值。

报告期水平（a_n）指作为研究或比较时期的发展水平，又称计算期水平。

基期水平（a_0）指作为比较基准时期的发展水平。

报告期水平和基期水平不是固定不变的，而是随着研究目的的改变而发生变化。发展水平在用文字表达其变动时，常用“增加到”或“增加为”、“降低到”或“降低为”来表示。如2011年的人口自然增长率降低到4.79‰。

二、平均发展水平

平均发展水平是指发展水平的平均数，用来反映现象在较长时间内发展所达到的一般水平。平均发展水平可以根据总量指标动态数列计算，也可以根据相对指标动态数列或平均指标动态数列计算。从计算方法上讲，根据总量指标动态数列计算平均发展水平（即序时平均数）是最基本的方法。现分别介绍如下：

（一）由总量指标动态数列计算平均发展水平

总量指标动态数列分为时期数列和时点数列，由于它们的性质不同，计算平均发展水平时方法也不一样。

1. 由时期数列计算平均发展水平

由时期数列计算平均发展水平采用简单算术平均法。即以数列中时期项数除以各时期的指标数值之和即得平均发展水平。其计算公式为：

$$\bar{a}=\frac{a_1+a_2+\cdots+a_n}{n}=\frac{\sum a}{n} \tag{6-1}$$

式中，$\bar{a}$ 代表平均发展水平；a_i 代表各期发展水平（$i=1, 2, 3, \cdots n$）；n 代表数列中时期项数。

【例 6-1】某公司2011年上半年工业增加值资料如表6-6。

表 6-6　某公司 2011 年上半年工业增加值资料　单位：万元

月份	1	2	3	4	5	6
增加值	55	53	57	60	65	70

该企业2011年上半年月平均增加值为：

$$\bar{a}=\frac{a_1+a_2+\cdots+a_n}{n}=\frac{\sum a}{n}$$

$$=\frac{55+53+57+60+65+70}{6}=\frac{360}{6}=60\text{（万元）}$$

2. 由时点数列计算平均发展水平

由时点数列计算平均发展水平，因掌握的资料情况不同，具体方法也不一样，一般情况下可分为连续时点数列和间断时点数列两种：

（1）由连续时点数列计算平均发展水平。

连续时点数列是指能够直接或间接掌握每天的时点指标资料的数列。具体计算有两种情况：

①间隔相等的连续时点数列的平均发展水平，直接采用简单算术平均法计算。即以时点数值的个数除各时点值之和即得。计算公式为：

$$\bar{a}=\frac{a_1+a_2+\cdots+a_n}{n}=\frac{\sum a}{n}$$

式中，$\sum a$ 为各时点值之和。

【例 6－2】某车间某月上旬产品库存量变动如表 6－7。

表 6－7　某仓库某月上旬产品库存情况变动表　单位：吨

日　期	1日	2日	3日	4日	5日	6日	7日	8日	9日	10日
库存量	80	78	81	82	79	77	83	84	80	84

该车间某月上旬平均产品库存量：

$$\bar{a}=\frac{a_1+a_2+\cdots+a_n}{n}=\frac{\sum a}{n}$$

$$=\frac{80+78+81+82+79+77+83+84+80+84}{10}=72.6\ （吨）$$

②间隔不相等的连续时点数列的平均发展水平，采用加权算术平均法计算。即以每次变动持续的时间间隔长度（f）为权数对各时点数值（a）加权。计算公式为：

$$\bar{a}=\frac{a_1f_1+a_2f_2+\cdots+a_nf_n}{n}=\frac{\sum af}{\sum f} \tag{6-2}$$

【例 6－3】某饲养场 4 月 1～10 日的生猪存栏数均为 500 口，4 月 11～25 日生猪存栏数均为 540 口，4 月 26～30 日生猪存栏数均为 530 口。则该厂 4 月份平均生猪存栏数为：

$$\bar{a}=\frac{\sum af}{\sum f}=\frac{500\times 10+540\times 15+530\times 5}{10+15+5}=525\ （口）$$

（2）由间断时点数列计算平均发展水平。

间断时点数列是指通常掌握的只是期初或期末时点指标数值的数列，有间隔相等和间隔不等两种情况：

①由间隔相等的间断时点数列计算平均发展水平。根据这种数列计算平均发展水平，要假定所研究的现象在两个相邻时点之间的变动是均匀的，因而可将相邻两个时点数值相加除以 2，求得表明两个时点之间的简单平均数，然后根据这些平均数，再用简单算术平均法计算整个所研究的时间内的现象的平均发展水平。

【例 6－4】某储蓄所 2011 年第四季度各月月末职工人数资料如表 6－8。

表 6－8　某储蓄所 2011 年第四季度各月月末职工人数资料　单位：人

日　期	9月30日（a_1）	10月31日（a_2）	11月30日（a_3）	12月31日（a_4）
职工人数	490	520	550	560

根据表 6－8 资料计算第四季度月平均职工人数如下：

我们知道 9 月 30 日是 9 月份的结束，也是 10 月份的开始，9 月末的职工人数即为 10 月初的职工人数，以此类推。

$$10\text{ 月份平均职工人数}=\frac{a_1+a_2}{2}=\frac{490+520}{2}=505\text{（人）}$$

$$11\text{ 月份平均职工人数}=\frac{a_2+a_3}{2}=\frac{520+550}{2}=535\text{（人）}$$

$$12\text{ 月份平均职工人数}=\frac{a_3+a_4}{2}=\frac{550+560}{2}=555\text{（人）}$$

$$\text{第四季度各月平均职工人数}=\frac{505+535+555}{3}=535\text{（人）}$$

上述计算第四季度月平均职工人数的两个步骤可以合并简化为：

第四季度各月平均职工人数：

$$\bar{a}=\frac{\frac{a_1+a_2}{2}+\frac{a_2+a_3}{2}+\frac{a_3+a_4}{2}}{3}=\frac{\frac{a_1}{2}+a_2+a_3+\frac{a_4}{2}}{4-1}$$

$$=\frac{\frac{490}{2}+520+550+\frac{560}{2}}{4-1}=535\text{（人）}$$

将上述计算过程概括为一般公式，即：

$$\bar{a}=\frac{\frac{a_1+a_2}{2}+\frac{a_2+a_3}{2}+\cdots+\frac{a_{n-1}+a_n}{2}}{n-1}=\frac{\frac{a_1}{2}+a_2+a_3+\cdots+\frac{a_n}{2}}{n-1}\qquad(6-3)$$

式中，$\bar{a}$ 表示平均发展水平；a_i 表示各项时点指标数值（$i=1, 2, 3, \cdots n$）；n 表示时点指标数值的项数。

由此可见，在间断时点数列间隔相等的情况下，计算平均发展水平，只要将首末两项时点数值折半，加上中间各项数值，再除以项数减 1 即可，这种方法在统计上被称为“首尾折半法”或“简单序时平均法”。

②由间隔不相等的间断时点数列计算平均发展水平。如果掌握了间隔不相等的间断时点资料，则可用各时间间隔长度（f）为权数，对各相应时点的平均水平加权，应用算术平均法计算平均发展水平。这种方法叫作“加权序时平均法”。其计算公式如下：

$$\bar{a}=\frac{\frac{a_1+a_2}{2}f_1+\frac{a_2+a_3}{2}f_2+\cdots+\frac{a_{n-1}+a_n}{2}f_{n-1}}{f_1+f_2+\cdots+f_{n-1}}$$

$$=\frac{\frac{a_1+a_2}{2}f_1+\frac{a_2+a_3}{2}f_2+\cdots+\frac{a_{n-1}+a_n}{2}f_{n-1}}{\sum f}\qquad(6-4)$$

【例 6-5】某公司 2011 年各月银行存款余额资料如表 6-9 所示。计算月平均存款余额。

表 6-9　　某公司 2011 年各月银行存款余额资料　　单位：万元

日　期	1月1日	3月1日	7月1日	9月1日	12月1日	12月31日
银行存款余额	1000	1330	980	1250	1200	1400

我们假定间隔的各时点之间指标数值是均匀变化的，则可利用加权序时平均法计算该公司 2011 年月平均银行存款余额为：

$$\bar{a}=\frac{\frac{1000+1330}{2}\times2+\frac{1330+980}{2}\times4+\frac{980+1250}{2}\times2+\frac{1250+1200}{2}\times3+\frac{1200+1400}{2}\times1}{2+4+2+3+1}$$

$$=\frac{14155}{12}=1179.58(\text{万元})$$

需要注意的是，根据间断时点数列计算平均发展水平，是以被研究的现象在相邻两个时点之间均匀变动为前提的，但实际上现象的变动并非完全如此。因此，所求结果只是一个近似值。为了使其计算结果尽可能的反映实际情况，间断时点数列的间隔不宜过长。

（二）由相对指标动态数列计算平均发展水平

相对指标有静态相对指标和动态相对指标之分，这里指的是由静态相对指标形成的动态数列。它一般是根据两个具有密切联系的总量指标动态数列相对比而得到的相对指标所构成的。由于各相对指标比较基数不同，因而，不能根据相对指标动态数列中的各指标直接相加计算平均发展水平。

根据相对指标动态数列计算平均发展水平，其基本方法是：首先计算构成该相对指标动态数列的分子与分母数列的平均发展水平，然后再将这两个平均发展水平对比求得。计算公式如下：

$$\bar{c}=\frac{\bar{a}}{\bar{b}} \qquad (6-5)$$

式中，$\bar{a}$ 表示分子数列的平均发展水平；$\bar{b}$ 表示分母数列的平均发展水平；$\bar{c}$ 表示相对指标的平均发展水平。

应该注意的是，在计算分子数列和分母数列的平均发展水平时，首先必须分清分子、分母数列是属于时期数列，还是属于时点数列，然后分别计算各自的平均发展水平。

【例 6-6】 表 6-10 是某超级市场 2011 年第三季度各月的商品流转次数等资料，要求计算各月平均商品流转次数（商品流转次数等于商品流转额与月平均商品库存额之比）。

表 6-10　　某商店商品流转次数资料

	7月	8月	9月	10月
商品流转额（万元）(a)	1500	1800	2002	—
月初商品库存额（万元）(b)	150	300	280	320
商品流转次数（次）(c)	6.667	6.207	6.667	—

在表 6-10 的资料中，商品流转额是时期指标，月初商品库存额是时点指标，要计算平均商品流转次数，首先必须求出其分子、分母的平均数，然后进行对比。在计算平均商品流转次数时，绝不能将各月的商品流转次数简单平均来计算，即：

$$\bar{c}\neq\frac{c_1+c_2+c_3}{3}=\frac{6.667+6.207+6.667}{3}=6.514(\text{次})$$

第三季度各月平均商品流转次数应为：

$$\bar{c}=\frac{\bar{a}}{\bar{b}}=\frac{\frac{\sum a}{n}}{\frac{\frac{b_1}{2}+b_2+\cdots+\frac{b_n}{2}}{n-1}}=\frac{\sum a}{\frac{b_1}{2}+b_2+\cdots+\frac{b_n}{2}}$$

$$=\frac{1500+1800+2000}{\frac{150}{2}+300+280+\frac{320}{2}}=\frac{5300}{815}=6.506\text{（次）}$$

（三）由平均指标动态数列计算平均发展水平

平均指标动态数列可由一般平均指标和动态平均指标组成。两种不同的平均指标数列的平均发展水平的计算方法也不同。

1. 一般平均指标所组成的动态数列

一般平均指标所组成的动态数列实质上是两个总量指标动态数列相对应项对比形成的，即分子数列是标志总量数列，分母数列是总体单位总数数列。计算这种平均指标动态数列的平均发展水平和前面介绍的计算相对指标动态数列的平均发展水平相同，即先计算出该平均指标的分子、分母的平均数，然后进行对比。计算公式为：

$$\bar{c}=\frac{\bar{a}}{\bar{b}}$$

2. 动态平均指标所形成的动态数列

动态平均指标所形成的动态数列分以下两种情况：

（1）时期相等，采用简单算术平均法计算。其计算公式为：

$$\bar{a}=\frac{\sum a}{n}$$

【例 6－7】某商业银行 2011 年第二季度各月吸收存款的平均余额资料如表6－11，试计算第二季度的平均存款余额。

表 6－11　某商业银行 2011 年第二季度各月平均存款余额　单位：亿元

月　份	4 月	5 月	6 月
平均存款余额（a）	50	70	60

则第二季度月平均存款余额为：

$$\bar{a}=\frac{\sum a}{n}=\frac{50+70+60}{3}=60\text{（亿元）}$$

（2）时期不等，则以不同时期为权数，采用加权算术平均法计算。计算公式为：

$$\bar{a}=\frac{\sum af}{\sum f}$$

【例 6－8】某培训中心 2011 年在校学生人数 1 月份平均为 520 人，2～3 月份平均每月 535 人，第二季度平均每月为 540 人。则上半年平均每月在校学生人数为：

$$\bar{a}=\frac{\sum af}{\sum f}=\frac{520\times1+535\times2+540\times3}{1+2+3}=\frac{3210}{6}=535\text{（人）}$$

三、增长量

增长量又称增减量，是报告期水平与基期水平之差，用来说明社会经济现象在一定时期内增长的绝对数量。用公式表示为：

增长量 = 报告期水平 - 基期水平 (6-6)

增长量是一个绝对数，有正有负，正数表示增加或增长，负数表示减少或降低。

增长量按选用对比基期的不同，可分为逐期增长量和累计增长量两种。逐期增长量是报告期水平与报告期的前期水平之差。用来说明现象逐期增减的绝对数量。

逐期增长量 = 报告期水平 - 前期水平 (6-7)

用符号表示为：$a_1 - a_0$，$a_2 - a_1$，…，$a_n - a_{n-1}$

累计增长量是报告期水平与某一固定基期水平（通常为最初水平）之差，用来反映现象在较长时期内的增减总量。用公式表示如下：

累计增长量 = 报告期水平 - 固定期水平 (6-8)

用符号表示为：$a_1 - a_0$，$a_2 - a_0$，…，$a_n - a_0$

二者之间有一定的数量关系，即：

逐期增长量之和 = 对应的累计增长量

用符号表示为：

$$(a_1 - a_0) + (a_2 - a_1) + \cdots + (a_n - a_{n-1}) = \sum (a_n - a_{n-1}) = a_n - a_0 \quad (6-9)$$

四、平均增长量

平均增长量是指逐期增长量的平均数，用来反映现象在较长时间内增长的一般水平。其计算公式为：

$$\text{平均增长量} = \frac{\text{逐期增长量之和}}{\text{逐期增长量的个数}} = \frac{(a_1 - a_0) + (a_2 - a_1) + \cdots + (a_n - a_{n-1})}{n} \quad (6-10)$$

由于各逐期增长量之和等于对应的累计增长量，故上式又可写成：

$$\text{平均增长量} = \frac{\text{累计增长量}}{\text{动态数列项数} - 1} = \frac{a_n - a_0}{n - 1} \quad (6-11)$$

课堂练习与活动

某公司2011年四个季度的工业增加值（万元）分别为：265、597、614、636；季末职工人数资料分别为：2018、2070、2120、2120（2011年初职工人数为2010人），试计算：该公司全年平均劳动生产率。

第三节 动态数列的速度分析

动态数列的速度分析，就是将动态数列的指标数值进行对比，经过对比而得到的指标称为速度分析指标。包括：发展速度、增长速度、平均发展速度、平均增长速度和增长1%的绝对值。

一、发展速度

发展速度是同一事物在两个不同时期的发展水平对比而计算的动态相对数。其计算公式为：

$$发展速度=\frac{报告期水平}{基期水平}\times 100\% \tag{6-12}$$

由于计算时采用不同的基期，发展速度分为环比发展速度和定基发展速度。

1. 环比发展速度

环比发展速度是报告期水平与前期水平之比。反映社会经济现象逐期的发展变动情况。

用符号表示为：$\frac{a_1}{a_0}$；$\frac{a_2}{a_1}$；$\frac{a_3}{a_2}$；…；$\frac{a_n}{a_{n-1}}$

2. 定基发展速度

定基发展速度是报告期水平与某一固定期水平的比值，用以说明现象在一个较长时间内的发展变动情况。

用符号表示为：$\frac{a_1}{a_0}$；$\frac{a_2}{a_0}$；$\frac{a_3}{a_0}$；…；$\frac{a_n}{a_0}$

3. 环比发展速度与定基发展速度的数量关系

环比发展速度与定基发展速度之间存在一定数量关系，可以互相推算。

（1）定基发展速度 = 各环比发展速度的连乘积。

用符号表示为：$$\frac{a_n}{a_0}=\frac{a_1}{a_0}\times\frac{a_2}{a_1}\times\frac{a_3}{a_2}\times\cdots\times\frac{a_n}{a_{n-1}} \tag{6-13}$$

（2）环比发展速度 = 同期定基发展速度 ÷ 上期定基发展速度。

用符号表示：$$\frac{a_n}{a_{n-1}}=\frac{\frac{a_n}{a_0}}{\frac{a_{n-1}}{a_0}} \tag{6-14}$$

了解这一数量关系，有利于我们进行发展速度的推算，此外在实际工作中，为了消除季节变动因素的影响，以确切地反映现象的发展速度，可以计算年距发展速度。

$$年距发展速度=\frac{本期发展水平}{上年同期发展水平}\times 100\% \tag{6-15}$$

二、增长速度

增长速度是指增长量与基期水平之比，用来反映社会经济现象在一定时期内增长的相对程度，其计算公式为：

$$增长速度=\frac{增长量}{基期水平}\times 100\%=\frac{报告期水平-基期水平}{基期水平}\times 100\%=发展速度-1 \tag{6-16}$$

由此可见，增长速度与发展速度之间只差一个基数（即100%）。当发展速度大于1时，增长速度为正值，表明现象的增长程度；当发展速度小于1时，增长速度为负值，表明现象的降低程度。

同发展速度一样，由于计算时选择不同的基期，增长速度也分为环比增长速度和定基增长速度。

环比增长速度：是逐期增长量与前期水平之比，说明现象逐期增长的程度。其计算公式为：

$$\text{环比增长速度}=\frac{\text{逐期增长量}}{\text{前期水平}}\times 100\%=\frac{\text{报告期水平}-\text{前期水平}}{\text{前期水平}}\times 100\%=\text{环比发展速度}-1 \qquad (6-17)$$

定基增长速度：是累计增长量与固定基期水平之比，说明现象定基增长的程度。其计算公式为：

$$\text{定基增长速度}=\frac{\text{累计增长量}}{\text{固定基期水平}}\times 100\%=\frac{\text{报告期水平}-\text{固定基期水平}}{\text{固定基期水平}}\times 100\%=\text{定基发展速度}-1 \qquad (6-18)$$

在实际工作中，通常还计算年距增长速度，其作用与年距发展速度类似。

$$\text{年距增长速度}=\frac{\text{年距增长量}}{\text{上年同期水平}}\times 100\%=\text{年距发展速度}-1 \qquad (6-19)$$

三、增长1%绝对值

增长1%的绝对值，是一种将相对指标与总量指标结合起来分析的指标。它表示现象每增长一个百分点所包含的绝对增长量。

增长1%的绝对值是逐期增长量与环比增长速度对比值的1%或等于前一期发展水平除100，计算结果用绝对数表示。其计算公式为：

$$\text{增长1\%的绝对值}=\frac{\text{逐期增长量}}{\text{环比增长速度}}\times 1\%=\frac{\text{逐期增长量}}{\dfrac{\text{逐期增长量}\times 100}{\text{前期水平}}}=\frac{\text{前期水平}}{100} \qquad (6-20)$$

用符号表示为：

$$\text{增长1\%的绝对值}=\frac{a_n-a_{n-1}}{\dfrac{a_n-a_{n-1}}{a_{n-1}}}\times 1\%=\frac{a_n-a_{n-1}}{\dfrac{a_n-a_{n-1}\times 100}{a_{n-1}}}=\frac{a_{n-1}}{100} \qquad (6-21)$$

可见，每增大1%的绝对值就是前期水平的1%。一般说来，基期水平越高，发展速度提高1%所包含的绝对量就越多；反之，则发展速度提高1%所包含的绝对量就越低。

四、平均发展速度和平均增长速度

平均发展速度是指被研究现象在一段时间内各环比发展速度的平均数，说明某种现象在一个较长时期中逐年平均发展变化的程度；平均增长速度是指各环比增长速度的平均数，它说明某种现象在一个较长时期内逐年平均增长变化的程度。平均发展速度和平均增长速度统称为平均速度指标。

平均发展速度与平均增长速度的关系是：

平均增长速度 = 平均发展速度 - 1　(6-22)

平均发展速度始终为正值，而平均增长速度则可为正值，也可为负值。正值表明现象在一段时期内平均递增程度，称为递增率；负值表明现象逐期平均递减程度，称为递减率。

关于平均速度指标的计算，主要是对平均发展速度的计算，只要求得了平均发展速度，平均增长速度通过平均发展速度减去 100% 便可求得。

平均发展速度的计算方法与前所述的几种动态平均指标的计算方法不同，在实际中，由于对现象考察的重点不同，平均发展速度通常采用两种方法计算，即几何平均法和方程式法。

（一）几何平均法（又称水平法）

按几何平均法计算平均发展速度的数理依据是：从最初水平出发，按平均发展速度逐期发展，经过 n 期后即可达到末期的发展水平。由于各环比发展速度的连乘积等于第 n 期的定基发展速度（又称总速度），故其平均速度只能用几何平均法计算：

设 $\bar{X}_G$ 代表平均发展速度，x 代表各环比发展速度，n 代表各环比发展速度的项数，$\prod$ 代表连乘符号，其计算公式为：

$$\text{平均发展速度}\ \bar{X}_G = \sqrt[n]{x_1 \cdot x_2 \cdot \cdots \cdot x_n} \quad (6-23)$$

$$= \sqrt[n]{\frac{a_1}{a_0} \times \frac{a_2}{a_1} \times \frac{a_3}{a_2} \times \cdots \times \frac{a_n}{a_{n-1}}} = \sqrt[n]{\frac{a_n}{a_0}} \quad (6-24)$$

$$= \sqrt[n]{R} \quad (6-25)$$

式中，R 代表总速度（即定基发展速度）。

以上三个公式虽然计算形式有所不同，但实质一样，我们可以根据所掌握的资料的不同，选择应用。

【例 6-9】 某钢铁公司 2002 年的钢产量为 139.4 万吨，2006 年为 535 万吨，求该厂钢产量的平均发展速度。

$$\bar{X}_G = \sqrt[n]{\frac{a_n}{a_0}} = \sqrt[4]{\frac{535}{139.4}} = \sqrt[4]{3.9659} = 141.12\%$$

计算结果表明，该厂在 2002 ~ 2006 年期间钢产量平均每年的发展速度为 141.12%，每年平均递增 41.12%。

另外，当某种现象其发展过程划分为若干个时期，同时又具备各时期的平均发展速度，若求全过程的平均发展速度，则要以各时期的时间长度为权数，按加权几何平均法计算。其计算公式为：

$$\bar{X}_G = \sqrt[f_1+f_2+\cdots+f_n]{x_1^{f_1} \cdot x_2^{f_2} \cdot \cdots \cdot x_n^{f_n}} = \sqrt[\Sigma f]{\prod x^{f_n}} \quad (6-26)$$

【例 6-10】 某种产品 2007 年、2008 年的平均发展速度为 108%，2009 ~ 2011 年的平均发展速度为 110%，则 5 年的平均发展速度为：

$$\text{平均发展速度}\ \bar{X}_G = \sqrt[\Sigma f]{\prod x^{f_n}} = \sqrt[2+3]{1.08^2 \times 1.10^3}$$

$$= \sqrt[5]{1.5525} = 109.196\%$$

用几何平均法计算平均发展速度是最常用的方法。利用它不仅可以计算平均速度指标，而且还可以推算最末水平和时间。

【例 6-11】 某厂 2007 年产值为 300 万元，若今后产值每年的平均发展速度为 115%，到2012年产值应为多少万元？

解：$\because \ \overline{X}_G = \sqrt[n]{\frac{a_n}{a_0}}$

$$\therefore \ \overline{x}^n = \frac{a_n}{a_0} \Rightarrow a_n = a_0\ \overline{x}^n \quad a_{2012} = a_{2007} \times \overline{x}^n = 300 \times 1.15^5 = 603.41$$

【例6－12】根据表6－1的资料，将前面介绍的几种动态指标计算如表6－12所示。

表6－12　　几种重要的动态比较指标计算表

年份		2003	2004	2005	2006	2007	2008	2009	2010	2011
		a_0	a_1	a_2	a_3	a_4	a_5	a_6	a_7	a_8
国民生产总值（亿元）		42	50	62	75	90	100	115	130	150
增长量（亿元）	逐期	—	8	12	13	15	10	15	15	20
	累计	—	8	20	33	48	58	73	88	108
平均增长量（亿元）		—	13.5							
发展速度（%）	环比	—	119.05	124.00	120.97	120.00	111.11	115.00	113.04	115.38
	定基	—	119.05	147.62	178.57	214.29	238.10	273.81	309.52	357.14
平均发展速度（%）		—	117.25							
增长速度（%）	环比	—	19.05	24.00	20.97	20.00	11.11	15.00	13.04	15.38
	定基	—	19.05	47.62	78.57	114.29	138.10	173.81	209.52	257.14
平均增长速度（%）		—	17.25							
增长1%的绝对值（亿元）		—	0.42	0.5	0.62	0.75	0.9	1	1.15	1.3

（二）方程式法（又称累计法）

按方程式法计算平均发展速度的数理依据是：从最初水平出发，每期按平均发展速度发展，经过n期后，各期计算的理论水平之和应等于各期实际的发展水平之和。这里不再详细叙述。

（三）计算和应用平均速度指标应注意的问题

1. 结合具体研究目的适当地选择基期

由于基期水平对平均速度指标影响重大，如果基期水平因受特殊因素的影响而过高或过低，用这样的资料来计算平均速度，就会降低这一指标的意义，甚至会失去代表性而不能说明现象变化发展的真实情况。

2. 应用分段平均速度或用突出的个别环比速度来补充总平均速度

因为根据几何平均法求得的平均速度指标，实际只反映最初和最末水平的变化，并不反映中间各年的实际变化，因此，当研究时期过长时，为了避免由于中间各期波动过大或不同的变化方向而降低平均速度指标的代表性，应计算分段平均速度指标来补充说明总平均发展速度，这对于全面、深入地了解现象的整个过程的变化情况很有必要。例如，分析我国建国50多年来粮食生产发展变化情况，除了计算总平均速度之外，有必要按照恢复时期、各个五年计划时期和各个特定时期等分段计算其平均速度加以补充说明。

3. 结合发展水平、经济效益来研究平均速度指标在经济生活中，有可能出现高速度下的低水平、低效益或者是低速度背后隐藏着高水平、高效益的情况，如果将水平指标、经济效益及各种速度指标结合起来，对现象进行综合分析，这样更有利于揭示现象发展变化的规律性。

课堂练习与活动

2005 年 A 市财政收入为 46.5 亿元，B 市财政收入为 75.2 亿元，若“十一五”期间，B 市的总发展速度为 213.68%，试问 A 市要在 2010 年赶上 B 市，其年递增率应该不低于多少？

第四节 动态数列趋势分析

一、影响动态数列的主要因素

动态数列各项发展水平的变化，是许多因素共同作用的结果。影响现象发展变化的因素，按性质不同大致可归纳为四大类：

（一）长期趋势因素

长期趋势因素是指在较长时间内比较稳定的、经常起作用的根本性因素。它具有长期性、稳定性、经常性和根本性的特点。例如，科技进步对生产力发展的影响就具有上述特点，科技进步是影响生产力发展的长期趋势因素。如果现象只受长期趋势因素的影响，则其发展变化必然是逐渐上升或逐渐下降的。认识和掌握现象的长期趋势，可以把握现象发展变化的基本特点。

（二）季节因素

季节因素是引起现象在较短时间（一年、一季度、一月、一周、一天）内出现周期性变动的因素。其变动特点是在一年或更短的时间内随着时序的变更，使现象呈周期重复的变化。例如，羽绒服的销售量，随着春、夏、秋、冬四季的交替变化而呈现出的周期性变化；气温在一天内由低到高、由高到低的变化等，都属于季节因素作用的结果。季节因素在短时间内对现象的影响是显著的，但最多在连续一年的时间内，季节因素对现象发展的正负影响就可以被综合或抵消。

（三）偶然因素

偶然因素是指在目前科学技术条件下还不能预测或控制的因素。它具有局部性、临时性、非决定性和影响方向不确定性的特点。它对现象发展变化的影响，有的在短时间内是明显甚至是巨大的，且不易综合抵消，但对现象的正负影响在较长时期内一般是可以综合抵消的。例如，自然灾害、战争、政治事件等的影响。

（四）循环因素

循环因素是指使现象发生周期较长的、涨落起伏交替变动的因素。它与季节因素的影响有明显的不同，也不同于使现象朝着单一方向持续发展的长期趋势因素。它使得现象变动的周期通常在一年以上，甚至七八年，十来年，各期始末亦难确定是何年何月，上下波动的程度也不尽相同。例如，由于生产关系改革滞后所引起的周期经济危机就是循环变动，生产关系就是一种循环因素。

一般来说，现象的发展变化是上述四种因素共同作用或部分作用的结果，例如，按年度编排的动态数列资料就没有季节变动，因此在实际应用中应具体问题具体分析。

现象发展趋势分析的基本原理是：①假定影响现象发展变化的因素包含有长期趋势因素、季节因素、偶然因素和循环因素；②假定这四类因素对现象发展变化的影响是按照某种数量关系（如乘积关系或相加的关系）结合在一起的，其综合结果就是所观察到的动态数列中的实际水平。

现象发展趋势的分析就是要把现象受各类因素影响的程度和影响方向单独测定出来，以掌握其发展变化的规律，为科学预测和科学决策提供依据。本教材只介绍长期趋势因素和季节因素的测定。

二、长期趋势的测定

长期趋势的测定是指对动态数列进行加工分析，排除季节因素、偶然因素和循环因素的影响，使其固有的发展趋势显现出来。测定长期趋势的分析方法有时距扩大法、移动平均法和数学模型法等。

（一）时距扩大法

时距扩大法是对原有动态数列的时期进行合并、扩大，延长各期所包含的时间，得到一个新的时距更长的动态数列，以消除由于时距较短受偶然因素和季节因素影响所引起的波动，清晰地显示出现象长期变化趋势的分析方法。它包括以下两种方法：

1. 时距扩大总数法

时距扩大总数法是把扩大后的各时距内包含的原数列的指标值分别汇总，再把扩大后的时距和汇总后的结果重新编制动态数列的方法。它适用于时期数列。

【例6-13】现以某纺织品公司2011年的棉布产量资料为例，说明如表6-13所示。

表6-13　　某纺织品公司2011年棉布产量　　单位：万米

月份	1	2	3	4	5	6	7	8	9	10	11	12
产量	633	625	643	650	640	630	644	666	670	700	690	670

从表6-13可以看出，由于多种因素的影响，各月棉布产量波动较大，不能清楚地反映出生产增长趋势。若将上表资料的时距扩大为季度，就可以消除因时距过短而受偶然因素的影响所出现的波动，呈现出棉布产量逐期增长的总趋势，如表6-14。

表6-14　　某纺织品公司2011年棉布产量　　单位：万米

时间	第一季度	第二季度	第三季度	第四季度
总产量	1901	1920	1980	2060

时距扩大总数法是测定长期趋势最原始的方法，其优点是简便易行，缺点是新数列的项数过少，不能据以进行深入的趋势分析和预测。至于将时间跨度扩大到什么程度，这要根据现象的性质而定，基本原则是以能够显示现象的发展趋势为度。时距过短，不能消除偶然因素的影响，时距过长，又会掩盖现象在不同时间上发展变化的差异。

2. 时距扩大平均数法

时距扩大平均数法是把扩大后的各时距内包含的原数列的指标值分别平均，再把扩大后的时距和所得的平均值重新编制动态数列。它适用于时期数列和时点数列，也适用于相对指标动态数列和平均指标动态数列。

【例 6－14】 设某储蓄所 2011 年居民储蓄存款余额如表 6－15。

表 6－15　　某储蓄所 2011 年居民储蓄存款余额　　单位：百万元

日期	1.1	2.1	3.1	4.1	5.1	6.1	7.1	8.1	9.1	10.1	11.1	12.1	12.31
余额	14.6	14.5	14.7	15.0	15.3	15.0	15.5	16.8	16.0	15.7	16.5	17.6	16.7

从资料看，由于原有数列时距较短，现象各月的波动较大，发展趋势不明显，为清晰地反映出现象的发展趋势，可把时距扩大为一个季度并计算各季的平均余额，重新编制出如表 6－16 的动态数列。

表 6－16　　某储蓄所 2011 年居民储蓄存款余额　　单位：百万元

时　间	第一季度	第二季度	第三季度	第四季度
存款平均余额	14.67	15.18	16.13	16.77

新数列比较明显地反映出该储蓄所居民储蓄存款是逐季增加的。

时距扩大法要求扩大后的时距相等，这样才便于对比分析。时距扩大的大小应视动态数列（现象）的具体情况而定。时距扩大不够，不能较彻底地消除偶然因素和季节因素的影响；时距扩大过多，显示出来的结论又太过笼统。如果原数列受季节因素影响，为消除季节因素的影响，时距应扩大为一年或一年的整数倍。

（二）移动平均法

移动平均法首先把原有数列的时距扩大，然后采用逐项递移的办法，计算出一系列移动的序时平均数，并用这些平均数重新编制动态数列。这种方法可消除原有数列中由于偶然因素和季节因素的影响而引起的波动，使现象的发展趋势清晰地显现出来。

【例 6－15】 现以某超级市场 2002～2011 年商品销售额资料为例，按移动平均法编制新的动态数列。如表 6－17。

将某超级市场 2002～2011 年商品销售额资料分别作三项（年）和四项（年）移动平均。

1. 三项（年）移动平均

第一个平均数为（4.80＋5.33＋6.67）÷3＝5.63，将这个数值对应于第二项数值（即对应于 1998 年）；第二个平均数为（5.33＋6.67＋7.38）÷3＝6.49，将其对应于第三项数值（即对应于 1999 年）。依次类推移动平均，得出三年移动平均数列共 8 项。见表 6－17 中第 2 栏的数据。

表 6－17　　某超级市场 2002～2011 年商品销售额资料　　单位：亿元

年　度	序号	商品销售额	三项移动平均	四项移动平均	四项移动平均正位
甲	乙	(1)	(2)	(3)	(4)
2002	1	4.8	—	—	—
2003	2	5.33	5.63		—
				6.07	
2004	3	6.76	6.49		6.29
				6.5	
2005	4	7.38	6.89		6.71
				6.92	
2006	5	6.54	6.97		7.02
				7.11	
2007	6	7	7.02		7.33
				7.55	
2008	7	7.52	7.89		7.86
				8.16	
2009	8	9.14	8.55		8.46
				8.75	
2010	9	8.98	9.16		—
2011	10	9.35	—	—	—

2. 四项（年）移动平均

第一个平均数为（4.80＋5.33＋6.76＋7.38）÷4＝6.07，将这个数值对应于第 2～3 项的中间（即对应于 1998～1999 年的中间）；第二个平均数为（5.33＋6.76＋7.38＋6.54）÷4＝6.50，将其对应于第 3～4 项的中间（即对应于 1999～2000 年的中间）。依次类推，得出四年移动平均数列共 7 项。见表 6－17 中（3）栏的数据。由于偶数项移动平均值的位置与原数列中相对应的指标值都相差半期，无法直接进行对比，因此，还需进行一次移正平均。即再进行一次两项移动平均，以移正趋势值。本例如表 6－17 中（4）栏的数值。（4）栏中第一个数值为（6.07＋6.50）÷2＝6.29；第二个数值为（6.50＋6.92）÷2＝6.71，依次类推，得出四年移动平均移正数列共 6 项。

从表 6－17 中可以看出，移动平均的结果使短期的偶然因素的影响被削弱，整个动态数列变得更加平滑，波动趋于平稳。从上例可看到，奇数项移动平均所得的平均值正好对应着正中间一项的位置；偶数项移动平均所得的平均值则对应着正中间两项的中点，它还需要进一步的移正平均。被移动平均的项数越多，对原数列的修匀作用就越大，所得到的新数列越平滑，但得到的新动态数列的项数就越少。

（三）数学模型法

数学模型法是在对原有数列进行初步分析的基础上，根据其发展趋势的类型，用数学方法对动态数列配合一个数学方程式，以测定其长期趋势的方法。下面介绍直线趋势的测定。

如果动态数列各期的逐期增长量相同或大致相同，则可配合一条直线，用以测定其长期发展趋势。以数列中的时间因素 t 为自变量，指标数值 y 为因变量，则配合的直线趋势方程为：

$$Y_c = a + bt$$

式中，Y_c 表示趋势值或理论值；a、b 表示这条直线方程的两个参数。

计算参数 a、b，常用的方法是最小平方法。最小平方法又称最小二乘法，是配合趋势直线最理想的一种方法。最小平方法的基本原理是：要求配合的长期趋势直线的理论值与原数列的实际值之间的离差平方和为最小。即：

$$\sum (Y - Y_c)^2 = 最小值$$

当长期趋势表现为直线型时，上式为：

$$\sum (Y - a - bt)^2 = 最小值$$

根据极值原理，用偏微分方法可以得出求解两个参数 a、b 的标准方程组：

$$\begin{cases} \sum Y = a + b\sum t \\ \sum tY = a\sum t + b\sum t^2 \end{cases}$$

解之得：
$$\begin{cases} b = \dfrac{n\sum ty - \sum t\sum y}{n\sum t^2 - (\sum t)^2} \\ a = \dfrac{\sum y - b\sum t}{n} = \bar{y} - b\bar{t} \end{cases} \qquad (6-27)$$

式中，n 表示动态数列的项数。

【例 6-16】 现仍根据［例 6-15］中的资料（见表 6-17），采用最小二乘法配合一条直线趋势方程，计算各年销售额的趋势值，并预测 2012 年的商品销售额。

将计算时所需资料列于表 6-18 中。

表 6-18　　某超级市场商品销售额最小二乘法计算表　　单位：亿元

年份	年份序号（t）	销售额（y）	ty	t^2	Y_c
2002	1	4.80	4.80	1	5.12
2003	2	5.33	10.66	4	5.60
2004	3	6.76	20.28	9	6.08
2005	4	7.38	29.52	16	6.56
2006	5	6.54	32.70	25	7.04
2007	6	7.00	42.00	36	7.52
2008	7	7.52	52.64	49	8.00
2009	8	9.14	73.12	64	8.48
2010	9	8.98	80.82	81	8.96
2011	10	9.35	93.50	100	9.44
合　计	55	72.8	440.04	385	—

$$b = \frac{n\sum ty - \sum t\sum y}{n\sum t^2 - (\sum t)^2} = \frac{10 \times 440.04 - 55 \times 72.8}{10 \times 385 - 55 \times 55} = \frac{396.4}{825} = 0.48$$

$$a = \frac{\sum y - b\sum t}{n} = \bar{y} - b\bar{t} = 7.28 - 0.48 \times 5.5 = 4.64$$

将 a、b 之值代入直线趋势方程即得：$Y_c = 4.64 + 0.48t$

将各年的时间序号代入直线趋势方程，即得各年的趋势值，见表 6-18 所示。

将 2012 年时间序号 t=11 代入直线趋势方程，即得 2012 年预测值：

$$Y_{2012} = 4.64 + 0.48 \times 11 = 9.92\ （亿元）$$

课堂练习与活动

某汽车制造公司 2007～2011 年汽车销售量（万辆）分别为：20.1、22.4、24.2、26.8、

28.3、30.4，试判断该公司汽车销售量是否呈直线发展趋势，若是，采用最小平方法配合一条长期趋势直线，并预测2012年的汽车销售量。

三、季节变动的测定

季节变动是指某些社会经济现象在一年内，由于受季节更替的影响而产生的一种有规则性的变化。例如，商品的销售量、交通运输量等都有明显的季节变化。研究现象季节变动的目的在于掌握变动的周期、数量界限及其规律，以便认识未来，克服它给人们经济生活所带来的不良影响。

测定季节变动的主要方法是计算季节比率。季节比率又叫季节指数，用来反映季节变动的程度。季度比率高者为旺季，低者为淡季，季节比率波动不大，说明该现象不存在季节变动，计算季节比率通常采用两种方法：按月（季）平均法和移动平均趋势剔除法，本教材只讲前一种：按月（季）平均法，这种方法不考虑长期趋势的影响，直接用原始时间数列计算。其计算步骤如下：

（1）计算各年同月份（季度）平均数：在不考虑长期趋势因素的情况下，这些平均数就消除了偶然因素的影响，只受季节因素的影响。

（2）计算各年所有月份（季度）的总平均数：在不考虑长期趋势因素的情况下，这个总平均数就消除了偶然因素和季节因素的影响。也就是说，如果没有任何因素的影响，各月份（季度）的发展水平都应当是这个水平。

（3）计算季节比率：它是各年同月份（季度）平均数与各年所有月份（季度）总平均数之比，反映季节因素对现象发展的影响方向和影响程度。

（4）加总各月份（季度）季节比率：其总和应该为1200%（400%）。若不等于1200%（400%），则需要进一步计算调整系数，并用调整系数对各月份（季度）季节比率进行调整。

在测定现象的季节变动时，为了准确地观察季节变动情况，要用连续3年以上的统计资料。

【例6－17】某市某商店2008～2011年某种商品各月的销售额如表6－19所示，试用按月（季）平均法计算季节比率。

表6－19　　季节比率计算表

月份	销售额（万元）				各年同月销售额（万元）合计Σy	各年同月平均销售额（万元）	季节比率（%）
	2008年	2009年	2010年	2011年			
1	50	45	55	60	210	52.50	35.46
2	54	43	83	88	268	67.00	45.26
3	140	160	150	166	616	154.00	104.02
4	200	250	300	315	1065	266.25	179.85
5	195	245	280	296	1016	254.00	171.57
6	180	220	260	285	945	236.25	159.58
7	170	200	230	242	842	210.50	142.19

续表

月份	销售额（万元）				各年同月销售额（万元）合计Σy	各年同月平均销售额（万元）	季节比率（%）
	2008年	2009年	2010年	2011年			
8	165	150	195	206	716	179.00	120.91
9	100	90	110	118	418	104.50	70.59
10	85	80	105	110	380	95.00	64.17
11	75	70	95	100	340	85.00	57.42
12	66	68	76	80	290	72.50	48.97
合计	1480	1621	1939	2066	7106	—	1200.00
平均	123.33	135.08	161.58	172.17	—	148.04	100.00

应该指出，各月季节比率的平均数应为100%，各月季节比率之和应为1200%。在表6－19中,因各月份的季节比率总和刚好为1200%，故不需要进行调整。如果计算出来的季节比率之和大于或小于1200%，应作调整。调整方法：

（1）计算调整系数：

$$调整系数=\frac{400\%\ (1200\%)}{调整前的季节比率之和} \tag{6-28}$$

（2）计算调整后的季节比率：

$$调整后季节比率=调整前季节比率\times调整系数 \tag{6-29}$$

计算结果说明，该商店的零售额，以4月份为最高，而后向两端逐步下降，到1月、2月和12月份为最低，明显地反映了季节的变动对商品零售额的影响。掌握这一规律，对商业企业合理组织货源，有效地使用资金，提高企业的经济效益具有十分重要的意义。

本章知识架构

- 动态数列分析法
  - 动态数列的构成、作用
  - 动态数列的种类
    - 绝对数动态数列
      - 时期数列
      - 时点数列
        - 连续时点数列（间隔相等、间隔不等）
        - 间断时点数列（间隔相等、间隔不等）
    - 相对数动态数列
    - 平均数动态数列
  - 动态数列的编制原则（时间长短、总体范围、计算方法、经济含义要一致）
  - 动态数列的水平分析
    - 发展水平（最初水平、中间水平、最末水平、报告期水平、基期水平）
    - 平均发展水平
      - 由绝对数数列计算
      - 由相对数数列计算
      - 由平均数数列计算
    - 增长量与平均增长量
  - 动态数列的速度分析
    - 发展速度
    - 增长速度
    - 平均发展速度
    - 平均增长速度
    - 增长1%的绝对值
  - 动态数列的趋势分析
    - 长期趋势分析
      - 时距扩大法
      - 移动平均法
      - 数学模型法（最小平方法）
    - 季节变动分析

复习思考题

1. 什么是动态数列？其基本构成要素包括哪些？
2. 编制动态数列应遵循什么原则？
3. 怎样计算时点数列的序时平均数？
4. 怎样计算相对数动态数列和平均数动态数列的序时平均数？
5. 增长量包括哪两种？它们之间的关系如何？
6. 环比发展速度与定基发展速度之间存在什么样的关系？
7. 什么是现象的长期趋势？为什么要测定长期趋势？
8. 什么是现象的季节变动？如何测定季节变动的发展趋势？

案例分析

某股份公司 2005 ~ 2011 年的商品销售额资料如下表所示（见表 6－20）：

表 6－20

年　份	2005	2006	2007	2008	2009	2010	2011
商品销售额（万元）	451	494	517	526	542	596	628

根据上述资料，你能采用最小平方法预测 2012 年的商品销售额吗？

分析如下：

首先要根据已有资料配合一条趋势直线，然后再进行预测。

设所配合直线趋势方程为：$y = a + bt$

运用最小平方法求解参数 a、b 的值得：

表 6－21　　最小平方法计算表

年　份	年份序号（t）	销售额（y）	t^2	ty
2005	1	451	1	451
2006	2	494	4	988
2007	3	517	9	1551
2008	4	526	16	2104
2009	5	542	25	2710
2010	6	596	36	3576
2011	7	628	49	4396
合　计	28	3754	140	15776

$$b = \frac{n\sum tY - \sum t\sum Y}{n\sum t^2 - (\sum t)^2} = \frac{7 \times 15776 - 28 \times 3754}{7 \times 140 - 28^2} = \frac{5320}{196} = 27.14$$

$$a = \frac{\sum Y - b\sum t}{n} = \bar{Y} - b\bar{t} = 536.29 - 27.14 \times 4 = 427.73$$

将 a、b 之值代入直线趋势方程即得：$Y_C = 427.73 + 27.14t$

将 2012 年时间序号 $t = 8$ 代入直线趋势方程，即得 2012 年预测值：

$Y_{2012} = 427.73 + 27.14 \times 8 = 644.85$（亿元）

第七章

指数分析法

运用指数可以分析现象的变动方向和变动程度。

学习目标

统计指数是统计研究中广泛采用的一种统计分析方法，它主要用来反映那些不能直接相加和对比的现象的综合变动情况。通过本章内容的学习，要求理解统计指数的概念、作用和种类；熟练掌握综合指数的编制和计算方法；掌握平均指数和平均指标指数的编制方法；能够利用指数体系进行因素分析。

第一节　统计指数概述

一、统计指数的含义

在我们日常的统计工作中，指数要算是最常见的数字之一。我们常常可以听到与居民生活息息相关的零售物价指数、消费价格指数，与股民命运相关的股票价格指数，等等。

指数发展到今天形成比较一致的看法是：它有广义与狭义之分。广义的指数是把一切相对数皆称为指数，即把相对数与指数等同起来。这种指数不仅包括动态相对数，也包括静态相对数（例如，比较相对数、计划完成相对数）；不仅包括个体指数，也包括总指数。狭义的指数是用来说明不能直接相加的复杂社会经济现象总体综合变动程度的相对数。这就是这一章我们所要讲的特定相对数。狭义指数的概念及编制方法是统计指数理论的核心。

通常所说的指数法就是研究社会经济现象数量关系综合变动程度的方法。

二、统计指数的作用

（一）综合反映社会经济现象总变动方向及变动幅度

在统计实践中，经常要研究多种商品或产品价格的综合变动情况，多种商品的销量或产品产量的总变动，多种产品的成本总变动等这类问题，由于使用价值等不同，所研究的总体中的各个个体不能直接相加。指数法的首要任务，就是把不能直接相加总的现象过渡到可以加总对比，从而反映复杂经济现象的总变动方向及变动幅度。

（二）分析现象总变动中各因素变动的影响方向及影响程度

利用指数可以测定复杂社会经济现象总变动中，各构成因素的变动对现象总变动的影响情况。任何一个复杂现象都是由多个因子构成的，例如，销售额 = 价格 × 销售量，编制商品的价格指数和销售量指数可分析它们的变动对销售额变动的影响。

（三）反映社会经济现象的变动趋势

编制一系列反映同类现象变动情况的指数形成指数数列，可以反映被研究现象的变动趋势。例如，根据 1985 ~ 2002 年共 16 年的零售商品价格资料，编制 15 个环比价格指数，从而构成价格指数数列。这样就可以揭示价格的变动趋势，评判价格水平是上升还是下降。

三、统计指数的种类

统计指数从不同的角度可以有很多种分类，其中最主要的有以下两种：

（一）按研究范围分类

按研究范围不同，统计指数可分为个体指数、总指数和类指数。

个体指数是表明复杂社会经济总体中个别要素变动情况的相对数。例如，某种商品销售量指数、个别商品的价格指数、单个产品的成本指数等都是个体指数。

总指数是表明复杂经济现象中多种要素综合变动情况的相对数。例如，工业生产指数、社会商品零售物价指数、职工生活费用价格指数等都是总指数。

介于总指数与个体指数之间的是类指数。类指数是综合反映某一类现象变动的相对数。如粮食类价格指数、油料类价格指数。相对于个体指数它是总指数，相对于总指数它是个体指数，其计算方法与总指数的计算方法相同。

（二）按指数化指标的性质分类

按指数化指标（要研究其变动情况的指标）的性质不同，指数可分为数量指标指数和质量指标指数。

数量指标指数是指反映现象数量变动的相对数，是用来反映社会经济总体的数量或规模变动方向和程度的指数，包括职工人数指数、产品产量指数、商品销售量指数等。例如，某地区 2011 年从业人员指数为 100.8%，说明 2011 年该地区的从业人员比 2010 年增加了 0.8%；某省 2011 年粮食产量指数为 90.9%，说明 2011 年该省的粮食产量比 2010 年下降了 9.1%。

质量指标指数是指反映现象内在数量即质量变动的相对数，是用以反映社会经济总体质量、内涵变动情况的指数。包括单位成本指数、物价指数、劳动生产率指数等，用以反映现象的工作质量、管理质量等方面的变化。例如，某市 2011 年职工平均工资指数为 112.3%，说明 2011 年该市职工的平均工资比 2010 年提高了 12.3%。

第二节 统计指数的编制与计算

要利用指数进行分析，首先要编制计算有关指数。本节主要介绍总指数的编制计算方法。总指数的编制计算方法有两种：一是综合指数；二是平均指数。两种方法有一定的联系，但各有其特点，下面分别予以介绍。

一、综合指数的编制与计算

（一）综合指数的编制原理

综合指数是总指数的一种基本形式，它是通过同度量因素，把现象总体中不能直接相加对比的因素指标转化为能够相加对比，然后求出两个总量指标，再进行对比而得到的相对数。这里所谓同度量因素，是指将不能直接相加对比的因素指标转化为能够相加对比的那个媒介因素。综合指数对比的总量指标往往包含两个或两个以上的因素，将其中一个或一个以上的因素固定下来，仅观察另一个因素的综合变动程度。

下面分步骤介绍综合指数的编制方法：

1. 确定同度量因素，解决指数化指标不能加总的问题

从现象联系关系分析中找到与指数化指标相联系的因素，加入这个因素，使各种商品或产品的不同使用价值改变为价值量。例如，在分析各种商品销售量的总变动中，可以把各种商品销售量乘上商品价格来计算商品销售额；在分析各种商品价格的总变动中，可以给商品价格乘上相应的销售量，求得商品销售额。这样就可以从两个时期的商品销售额的对比中进行分析。这里，分析各种商品销售量的总变动中，加入的“商品价格”，分析各种商品价格的总变动中，加入的“销售量”就属于同度量因素。

2. 固定同度量因素，反映指数化指标的变化

指数化指标乘上同度量因素还没有解决分析指数化指标的综合变动问题。因为商品销售额中包含了销售量和价格两个因素的变动。只有把同度量因素加以固定，以消除其变化，才能反映出指数化指标的综合变动程度。如上例中，采用同一时期的价格作为同度量因素来计算两个时期商品销售额并进行对比，以测定各种商品销售量的变动；采用同一时期的销售量作为同度量因素，来计算两个时期的商品销售额并进行对比，以反映各种商品价格的综合变动。

（二）数量指标综合指数

数量指标综合指数是反映多种现象数量指标综合变化程度的指数。例如，产品产量指数、商品销售量指数等。表 7－1 系某超市部分商品销售资料。现以表 7－1 资料为例，说明数量指标指数的编制方法。

表 7－1　　某超市部分商品销售资料

商品名称	计量单位	销售量		价格（元）	
		基期 q_0	报告期 q_1	基期 p_0	报告期 p_1
彩电	台	800	900	2002	1850
皮鞋	双	600	700	340	420
西服	套	1200	1050	800	960
自行车	辆	1000	850	350	420

我们根据表 7－1 中的资料编制电视、皮鞋、西服和自行车这四种商品的销售量总指数时，由于四种商品的计量单位各不相同，即便是计量单位相同，也会因使用价值的不同而无法将其销售量直接相加后进行对比。此时我们就需要借助一个媒介——销售价格，使原本不能相加的销售量转化为可以直接相加的销售额后进行对比，这时价格就充当了同度量因素的作用。至于应该使用哪个时期的价格，则需要进行选择。一般来说，我们在编制数量指标指数时，经常使用基期的质量指标作为同度量因素。用公式表示如下：

$$\overline{K}_q = \frac{\sum q_1 p_0}{\sum q_0 p_0} \times 100\% \tag{7－1}$$

式中，$\overline{K}_q$ 表示数量指标总指数；$\sum q_1 p_0$ 表示报告期数量与基期价格相乘得到的假定期销售额；$\sum q_0 p_0$ 表示基期总值指标。

【例 7－1】 根据表 7－1 中的资料计算电视、皮鞋、西服和自行车这四种商品的销售量总指数。

首先，根据表 7－1 中的资料，列表计算如表 7－2 所示。

根据表 7－2 资料，计算销售量总指数为：

$$\overline{K}_q = \frac{\sum q_1 p_0}{\sum q_0 p_0} \times 100\% = \frac{3175500}{3114000} \times 100\%$$

$$= 101.97\%$$

上述计算结果的经济含义有两个方面：一是说明四种商品销售量总的提高了 1.97%；二是说明由于商品销售量的提高，使商品销售额也提高了 1.97%。

用上式中的分子减分母得到：

$$\sum q_1 p_0 - \sum q_0 p_0 = 3175500 - 3114000 = 61500 \text{（元）}$$

其计算结果的经济含义为：超市由于多销售同样价格的商品而多收入了 61500 元；若换个角度考虑，就表示消费者由于多购买同样价格的商品而多支付了 61500 元。

表 7－2　　某超市部分商品的总指数计算表

商品名称	计量单位	销售量		价格（元）		销售额（元）		
		基期 q_0	报告期 q_1	基期 p_0	报告期 p_1	基期 q_0p_0	报告期 q_1p_1	假定期 q_1p_0
彩电	台	800	900	2002	1850	1600000	1665000	1800000

续表

商品名称	计量单位	销售量		价格（元）		销售额（元）		
		基期 q_0	报告期 q_1	基期 p_0	报告期 p_1	基期 q_0p_0	报告期 q_1p_1	假定期 q_1p_0
皮鞋	双	600	700	340	420	204000	294000	238000
西服	套	1200	1050	800	960	960000	1008000	840000
自行车	辆	1000	850	350	420	350000	357000	297500
合　计	—	—	—	—	—	3114000	3324000	3175500

（三）质量指标综合指数

质量指标综合指数是反映多种现象质量指标综合变化程度的指数。例如，成本指数、价格指数等。

当我们根据表7－1中的资料编制电视、皮鞋、西服和自行车这四种商品的销售价格总指数时，由于四种商品的销售价格不能直接相加后进行对比，此时我们就需要借助一个媒介——销售量，使原本不能相加的销售价格转化为可以直接相加的销售额后进行对比，这时销售量就充当了同度量因素。至于销售量应该使用哪个时期的销售量，也需要进行选择。一般来说，我们在编制质量指标指数时，经常使用报告期的数量指标作为同度量因素。用公式表示如下：

$$\bar{K}_p = \frac{\sum q_1 p_1}{\sum q_1 p_0} \times 100\% \qquad (7-2)$$

式中，$\bar{K}_p$ 表示销售价格总指数；$\sum q_1 p_1$ 表示报告期销售额总和；$\sum q_1 p_0$ 表示报告期销售量与基期价格相乘得到的假定销售额。

【例7－2】 根据表7－1中的资料计算电视、皮鞋、西服和自行车这四种商品的销售价格总指数。

根据表7－2资料，计算销售量价格指数为：

$$\bar{K}_p = \frac{\sum q_1 p_1}{\sum q_1 p_0} \times 100\% = \frac{3324000}{3175500} \times 100\% = 104.68\%$$

上述计算结果的经济含义有两个方面：一是说明四种商品销售价格总的提高了4.68%；二是说明由于商品销售价格提高，使商品销售额也提高了4.68%。

上式中的分子减分母得到：

$$\sum q_1 p_1 - \sum q_1 p_0 = 3324000 - 3175500 = 148500\text{（元）}$$

其计算结果的经济含义为：超市销售同样数量的商品由于价格提高而多收入了148500元；若换个角度考虑，就表示消费者购买同样数量的商品，由于价格上涨而多支付了148500元。

课堂练习与活动

已知某企业生产甲、乙两种产品，甲产品产量报告期为250部、基期为230部，单位成本报告期为 12 元，基期为 10 元；乙产品产量报告期为 180 套、基期为 150 套，单位成本报告期为 6 元，基期为 8 元。试计算：（1）个体产量指数和个体单位成本指数；（2）产量总指数以及由于产量变动而增加（减少）的总成本；（3）单位成本总指数以及由于单位成本变动而增加（减少）的总成本。

二、平均指数的编制与计算

平均指数（也可称为平均数指数）是计算总指数的另一形式，它是在个体指数的基础上计算总指数，是个体指数的加权平均数。具体做法是先算出数量指标或质量指标个体指数，然后，选用一个恰当的总值指标作为权数进行加权平均计算，以测定现象总的变动程度。

平均指数与综合指数既有区别又有联系，二者的联系在于：在一定的权数下，两类指数间有变形关系。但是，作为一种独立的指数形式，平均指数本身具有广泛的应用价值。本节主要介绍作为综合指数变形算法的平均指数。

对数量指标和质量指标计算平均指数的方法不同，一是加权算术平均指数；二是加权调和平均指数，下面分别讲述。

（一）加权算术平均数指数

加权算术平均数指数是按照加权算术平均数方法计算的总指数，一般来说，它以个体物量指数为变量值，以基期的总值资料为权数，对个体指数运用加权算术平均法来计算总指数。

【例 7－3】某超市部分商品销售资料如表 7－3 所示，要求计算商品销售量总指数。

表 7－3　　某超市部分商品销售量总指数计算表

商品名称	计量单位	销售量		基期销售额（万元）q_0p_0	个体销售量指数 $k_q=\frac{q_1}{q_0}$	$k_qq_0p_0$
		基期 q_0	报告期 q_1			
甲	乙	(1)	(2)	(3)	(4) ＝ (2) ÷ (1)	(5)
衬衣	件	1000	1200	5	1.20	6
化妆品	套	400	405	2	1.013	2.026
皮鞋	双	600	560	3	0.933	2.799
自行车	辆	450	605	1.5	1.344	20.16
合　计	—	—	—	11.5	—	12.84

由于受所掌握的资料的限制，因此，我们无法直接运用综合指数的计算公式来计算销售量总指数，需将该公式变形使用。

根据公式（7－1），各种商品的个体物量指数：$k_q=\frac{q_1}{q_0}\times 100\% \rightarrow q_1=k_qq_0$，则得到：

$$\bar{K}_q=\frac{\sum q_1p_0}{\sum q_0p_0}=\frac{\sum k_qq_0p_0}{\sum q_0p_0} \tag{7-3}$$

公式（7－3）与第五章所述的加权算术平均数的一般形式相似，个体指数 k_q 是变量值，q_0p_0 是权数，所以，用该公式计算出来的总指数就被称为加权算术平均数指数。

根据表 7－3 中的资料计算，销售量总指数为：

$$\bar{K}_q = \frac{\sum k_q q_0 p_0}{\sum q_0 p_0} = \frac{12.84}{11.5} = 111.65\%$$

$$\sum k_q q_0 p_0 - \sum q_0 p_0 = 12.84 - 11.5 = 1.34 \text{（万元）}$$

这说明该超市销售的4种商品的销售总量报告期比基期平均提高了11.65%，由于销售量提高而增加的销售额为1.34万元。

（二）加权调和平均数指数

加权调和平均数指数是按照加权调和平均数方法计算的总指数，一般来说，它以个体价格指数为变量值，以报告期的总值资料为权数，对个体指数运用加权调和平均法来计算总指数。

由于受所掌握的资料的限制，我们也无法直接运用综合指数的计算公式来计算销售价格总指数，而需将该公式变形使用。

根据公式(7－2)，各种商品的个体价格指数：$k_p = \frac{p_1}{p_0} \times 100\% \rightarrow p_0 = \frac{p_1}{k_p}$，则得到：

$$\bar{K}_p = \frac{\sum q_1 p_1}{\sum q_1 p_0} = \frac{\sum q_1 p_1}{\sum \frac{1}{k_p} q_1 p_1} \tag{7-4}$$

公式(7－4)与第五章所述的加权调和平均数的一般形式相似，个体指数 k_p 是变量值，$q_1 p_1$ 是权数，所以，用该公式计算出来的总指数就被称为加权调和平均数指数。

【例7－4】某超市部分商品销售资料如表7－4所示，要求计算商品销售价格总指数。

表7－4　　某超市部分商品销售价格总指数计算表

商品名称	计量单位	销售价格(元)		报告销售额(万元)q_1p_1	个体销售价格指数 $k_p = \frac{p_1}{p_0}$	$\frac{p_1 q_1}{k_p}$
		基期 p_0	报告期 p_1			
甲	乙	(1)	(2)	(3)	(4)＝(2)÷(1)	(5)
衬衣	件	180	160	6.40	0.8889	7.199
化妆品	套	80	115	2.30	1.4375	1.600
皮鞋	双	280	300	3.00	1.0714	2.800
自行车	辆	350	320	2.56	0.9143	2.800
合　计	—	—	—	14.26	—	14.399

根据表7－4中的资料计算，销售价格总指数为：

$$\bar{K}_p = \frac{\sum q_1 p_1}{\sum \frac{1}{k_p} q_1 p_1} = \frac{14.26}{14.399} = 99.03\%$$

$$\sum q_1 p_1 - \sum \frac{1}{k_p} q_1 p_1 = 14.26 - 14.399 = -0.139 \text{（万元）}$$

这说明该超市销售的四种商品的销售价格报告期比基期平均降低了0.97%，由于销售价格降低而减少的销售额为0.139万元。

课堂练习与活动

某企业生产三种产品，其销售量报告期比基期分别增长6%、4%、5%，价格报告期比基期分别上涨10%、6%、8%，三种产品销售额基期分别为393万元、472万元、292万元，报告期分别为525万元、630万元、390万元。如何综合反映三种产品销售量和价格的变动？

（三）固定加权平均指数

在国内外统计工作实践中，为了简化加权算术平均数指数的计算，常常使用经过调整的不变权数，即用比重指标。设w为固定权数，其公式为：

$$\bar{K}=\frac{\sum kw}{\sum w} \tag{7-5}$$

式中，k表示个体指数，w表示各类商品销售额占商品零售总额的比重。

1. 居民消费价格指数

居民消费价格指数（CPI），是反映居民家庭所购买生活消费品和支付服务费用价格变动总趋势和程度的一种综合价格指数。它是通过具体商品和服务项目的价格变动，进行分类、分层计算出来的，既反映了消费品和服务项目价格变动的总趋势，也包含了具体商品和服务价格变动的态势。通过居民消费价格指数可以观察和分析消费品零售价格和服务项目价格的变动对居民生活费用支出的影响程度，并据以消除价格变动对职工货币工资的影响，计算职工实际工资指数。居民消费价格指数还是反映通货膨胀的重要指标。

从2003年起，我国采用国际通用做法，逐月编制并公布以2002年价格水平为基期的居民消费价格定基指数，作为反映我国通货膨胀（或紧缩）程度的主要指标。经国务院批准，国家统计局城调总队负责全国居民消费价格指数的编制及相关工作，并组织、指导和管理各省区市的消费价格调查统计工作。居民消费价格指数分为城市居民消费价格指数和农村居民消费价格指数，目前我国大部分地级市只正式编制城市居民消费价格指数。

我国编制价格指数的商品和服务项目，根据全国城乡近11万户居民家庭消费支出构成资料和有关规定确定，目前共包括食品、烟酒及用品、衣着、家庭设备用品及服务、医疗保健及个人用品、交通和通讯、娱乐教育文化用品及服务、居住8大类，251个基本分类，约700个代表品种。居民消费价格指数就是在对全国550个样本市县近3万个采价点进行价格调查的基础上，根据国际规范的流程和公式算出来的。

计算居民消费价格指数的公式是：

$$\bar{K}=\frac{\sum \frac{p_1}{p_0}w}{\sum w} \tag{7-6}$$

式中，$\bar{K}$表示居民消费价格总指数；p_1表示报告期价格；p_0表示基期价格；w表示权数。

居民消费价格总指数是由各大类价格指数（简称类指数）构成的。各大类价格指数，是由属于本大类的小类商品价格指数构成的；小类商品价格指数则由具体商品（代表规格品）价格指数构成的。如食品类由粮食、油脂、肉禽及其制品、蛋类、水产品、菜类、调味品等17小类商品构成；每小类又由若干具体规格品构成，如肉禽及其制品包括猪肉后臀尖、瘦猪肉、牛肉、西装鸡、肉肠、熟肉等代表品，在计算各大小类商品价格指数时，同样采用加权平均的方法。

代表规格品的价格指数，是根据两个时期平均价相对比计算的。平均价是按不同价格形式、不同商店（市场）、不同时点的价格简单平均计算的。

2. 工业产品产量指数

工业产品产量指数是综合反映工业产品产量增减变化的相对数，可以用来表明一个国家国民经济发展的状况。世界上大多数国家都十分重视编制工业产品产量指数，而且都以基期的增加值 q_0p_0 为权数，依据代表产品的个体指数 k_q，采用加权算术平均法的形式计算总指数，其公式为：

$$\bar{K}_q = \frac{\sum k_q q_1 p_0}{\sum q_0 p_0} \tag{7-7}$$

式中，k_q 表示具有代表产品的个体产量指数，$k_q = \frac{q_1}{q_0}$；q_0p_0 表示相应的代表产品的基期增加值。

3. 农副产品收购价格指数

农副产品收购价格指数是反映国家收购农副产品价格变动趋势和程度的相对数，它是研究农副产品收购价格变化对农民收入、国家财政支出等的影响，计算工农业产品综合比价指数的依据。由于农副产品收购季节性强，时间比较集中，产品品种比较少。这样，在年未能够较快地取得各类农副产品实际收购金额和各代表规格品收购价格的资料，从而可以用报告期农副产品实际收购金额作为权数，对各类代表规格品价格个体指数采用加权调和平均法计算农副产品收购价格总指数，其公式为：

$$\bar{K}_p = \frac{\sum q_1 p_1}{\sum \frac{1}{k_p} q_1 p_1} \tag{7-8}$$

式中，$\bar{K}_p$ 表示各类代表规格品的收购价格指数；q_1p_1 表示相应各类代表规格品的报告期收购金额。

第三节　指数体系及因素分析

一、指数体系

所谓指数体系就是指在经济上有联系、在数量上保持一定对等关系的三个或三个以上指数所形成的整体。例如，

商品销售额指数 = 商品价格指数 × 商品销售量指数

$$\frac{\text{原材料消}}{\text{耗额指数}} = \frac{\text{产量}}{\text{指数}} \times \frac{\text{单位产品原材}}{\text{料消耗量指数}} \times \frac{\text{单位原材料}}{\text{价格指数}}$$

总平均工资指数 = 组平均工资指数 × 职工人数结构指数

指数体系的作用表现为：

（1）因素分析。利用指数体系可以对复杂社会经济现象的变动进行因素分析，说明各因素变动如何影响现象总变动的，这种影响既包括相对数影响，也包括绝对数影响。

（2）相互推算。即根据指数体系中各个指数间的关系，利用已知指数推算未知指数。

二、因素分析法

因素分析法就是利用指数体系从数量上分析现象的综合变动受各因素影响的方向、程度和绝对数量的一种方法。根据影响因素的多少不同，指数的因素分析法可分为指数的两因素分析法和指数的多因素分析法。根据分析指标的表现形式不同，指数的因素分析法可分为总量指标因素分析法、相对指标因素分析法和平均指标因素分析法。

（一）总量指标变动的因素分析

对于复杂社会经济现象的总体，总量指标是由两个或两个以上因素指标乘积的结果。进行总量指标的因素分析，就是利用综合指数公式，从数量指标指数和质量指标指数的相互联系中所组成的指数体系进行分析。

1. 总量指标指数体系的两因素分析

一个复杂的经济总量指标，如果受两个因素的影响，则对这个总量指标的因素分析称为总量指标的两因素分析。

总量指标指数体系通常是由价值指数、数量指标指数、质量指标指数所构成的指数体系。例如根据销售额与价格和销售量之间的经济联系，有如下关系式：

销售额指数	=	销售量指数	×	价格指数
（总量指标指数）		（因素指数）		（因素指数）
（价值指数）		（数量指标指数）		（质量指标指数）

$$\overline{K}_{qp} = \overline{K}_q \times \overline{K}_p$$

$$\frac{\sum q_1 p_1}{\sum q_0 p_0} = \frac{\sum q_1 p_0}{\sum q_0 p_0} \times \frac{\sum q_1 p_1}{\sum q_1 p_0} \tag{7-9}$$

$$\sum q_1 p_1 - \sum q_0 p_0 = (\sum q_1 p_0 - \sum q_0 p_0) + (\sum q_1 p_1 - \sum q_1 p_0) \tag{7-10}$$

【例 7-5】 根据［例 7-1］中的资料进行指数体系的因素分析。

解：根据表 7-1 中的数据计算得到：

（1）销售额变动：

$$\text{销售额指数} = \overline{K}_{qp} = \frac{\sum q_1 p_1}{\sum q_0 p_0} = \frac{3324000}{3114000} \times 100\% = 106.74\%$$

报告期销售额比基期销售额增加额：

$\sum q_1 p_1 - \sum q_0 p_0 = 3324000 - 3114000 = 210000$（元）。

（2）销售量变动影响：

$$\text{销售量指数} = \overline{K}_q = \frac{\sum q_1 p_0}{\sum q_0 p_0} \times 100\% = \frac{3175500}{3114000} \times 100\% = 101.97\%$$

销售量变动影响增加销售额：$\sum q_1p_0 - \sum q_0p_0 = 3175500 - 3114000 = 61500$（元）。

（3）销售价格变动影响：

$$价格指数 = \bar{K}_p = \frac{\sum q_1p_1}{\sum q_1p_0} \times 100\% = \frac{3324000}{3175500} \times 100\% = 104.68\%$$

销售价格变动影响增加销售额：$\sum q_1p_1 - \sum q_1p_0 = 3324000 - 3175500 = 148500$（元）。

根据指数体系得相对数体系有：

$$\frac{\sum q_1p_1}{\sum q_0p_0} = \frac{\sum q_1p_0}{\sum q_0p_0} \times \frac{\sum q_1p_1}{\sum q_1p_0}$$

即：$106.74\% = 101.97\% \times 104.68\%$

根据指数体系得绝对数体系有：

$$\sum q_1p_1 - \sum q_0p_0 = (\sum q_1p_0 - \sum q_0p_0) + (\sum q_1p_1 - \sum q_1p_0)$$

即：$3324000 - 3114000 = (3175500 - 3114000) + (3324000 - 3175500)$

210000（元）$= 61500$（元）$+ 148500$（元）

由上述计算结果可知：四种商品报告期比基期销售额总的增长了6.74%，增加了210000元，其原因是由于四种商品销售量增长使其增长了1.97%，增加了61500元，以及四种商品销售价格提高使其增长了4.68%，增加了148500元共同影响的结果。

课堂练习与活动

某超市2010年商品销售额为5600万元，2011年比2010年增加500万元，商品价格指数为103.6%。试分别计算该超市商品销售额的变动中，由于销售量变动和销售价格变动影响的程度和绝对金额。

2. 总量指标指数体系的多因素分析

一个复杂的经济总量指标，如果受3个或3个以上因素的影响，则对这个总量指标的因素分析称为总量指标的多因素分析。总量指标的多因素分析的指数体系上，表现为被研究现象的总变动指数等于3个或3个以上因素指数的乘积。同样，要保证3个或3个以上因素指数之积等于被研究现象变动的指数，最关键的是确定同度量因素的时期。在实际分析时必须注意以下几个问题：

（1）对多因素的排列顺序。要具体分析现象总体的经济内容，使之符合客观事物的联系或逻辑。各因素顺序的排列一般应遵循数量指标因素在前，质量指标因素在后的原则。

（2）遵循连环替代法的原则。即在分析受多因素影响的事物的发展变化时，要逐项分析，逐项确定同度量因素。分析完第一个因素的变动影响后，接着分析第二个因素的影响，然后再分析第三个因素的影响，依次类推。

（3）在多因素分析中，为了分析某一因素的影响，要求把其余因素固定不变。具体方法是：在分析第一个因素的影响时，就把其他所有因素固定不变，把其他所有因素作为同度量因素固定在基期。在分析第二个因素的变动影响时，则把已经分析过的因素固定在报告期，没有分析过的因素仍固定在基期。在分析第三个因素的变动影响时，就把已经分析过的两个因素固定在报告期，没有分析过的因素仍然固定在基期，依次类推。

例如，$\frac{原材料}{费用额}=\frac{产品}{产量}\times\frac{单位产品原}{材料消耗量}\times\frac{原材料}{价\quad格}$

$$qmp = q \times m \times p$$

指数体系表示为：

$$\frac{原材料费用}{额总指数}=\frac{产品产量}{总指数}\times\frac{单位产品原材料}{消耗量总指数}\times\frac{原材料价}{格总指数}$$

$$\bar{K}_{qmp}=\bar{K}_q\times\bar{K}_m\times\bar{K}_p$$

$$\frac{\sum q_1m_1p_1}{\sum q_0m_0p_0}=\frac{\sum q_1m_0p_0}{\sum q_0m_0p_0}\times\frac{\sum q_1m_1p_0}{\sum q_1m_0p_0}\times\frac{\sum q_1m_1p_1}{\sum q_1m_1p_0} \tag{7-11}$$

$$\frac{原材料费用}{增加总额}=\frac{产品产量变动引起的}{原材料费用增加额}+\frac{单位产品原材料消耗量变动}{引起的原材料费用增加额}+\frac{原材料单价变动引起}{的原材料费用增加额}$$

$$\sum q_1m_1p_1-\sum q_0m_0p_0=\left(\sum q_1m_0p_0-\sum q_0m_0p_0\right)+\left(\sum q_1m_1p_0-\sum q_1m_0p_0\right)+\left(\sum q_1m_1p_1-\sum q_1m_1p_0\right) \tag{7-12}$$

（二）平均指标变动的因素分析

1. 平均指标指数分析的一般问题

（1）概念。平均指标指数是指两个不同时期的同一经济内容的平均指标值对比形成的指数，用以说明某类现象在不同时期的变动方向及程度。例如，两个不同时期的平均价格对比，可以反映平均价格的变动方向及程度；两个不同时期的平均工资对比，可以反映平均工资的变动方向及程度。

（2）表现形式。平均指标指数的一般形式为：

$$\bar{K}=\frac{\bar{x}_1}{\bar{x}_0}=\frac{\dfrac{\sum x_1f_1}{\sum f_1}}{\dfrac{\sum x_0f_0}{\sum f_0}} \tag{7-13}$$

式中，$\bar{K}$ 表示平均指标指数；$\bar{x}_1$ 表示报告期平均指标；$\bar{x}_0$ 表示基期平均指标。

（3）特点。将公式（7－13）经过变形可得：

$$\bar{K}=\frac{\sum\left(x_1\cdot\dfrac{f_1}{\sum f_1}\right)}{\sum\left(x_0\cdot\dfrac{f_0}{\sum f_0}\right)} \tag{7-14}$$

平均指标指数所反映的某类现象平均变动程度受到两个因素的影响：一是受平均的经济指标（x）变动的影响；二是受总体内部各部分占总体的比重$\left(\dfrac{f}{\sum f}\right)$变动的影响。

2. 平均指标指数的编制步骤

（1）计算平均指标指数，又称为可变构成指数 $\bar{K}_{可变}$，考察现象在不同时期总的变动方向及程度：

$$\bar{K}_{可变}=\frac{\bar{x}_1}{\bar{x}_0}=\frac{\frac{\sum x_1 f_1}{\sum f_1}}{\frac{\sum x_0 f_0}{\sum f_0}} \tag{7-15}$$

（2）计算结构影响指数 $\bar{K}_{结构}$，考察总体内部各部分占总体的比重$\left(\frac{f}{\sum f}\right)$的变动。此时假定被平均的经济指标（x）不变，且将其固定在基期：

$$\bar{K}_{结构}=\frac{\bar{x}_n}{\bar{x}_0}=\frac{\frac{\sum x_0 f_1}{\sum f_1}}{\frac{\sum x_0 f_0}{\sum f_0}} \tag{7-16}$$

（3）计算固定构成指数 $\bar{K}_{固定}$，考察被平均的经济指标（x）的变动。此时假定总体内部各部分占总体的比重$\left(\frac{f}{\sum f}\right)$不变，且将其固定在报告期。

$$\bar{K}_{固定}=\frac{\bar{x}_1}{\bar{x}_n}=\frac{\frac{\sum x_1 f_1}{\sum f_1}}{\frac{\sum x_0 f_1}{\sum f_1}} \tag{7-17}$$

3. 平均指标指数体系

（1）相对数形式：

可变构成指数 = 结构影响指数 × 固定构成指数

$$\frac{\bar{x}_1}{\bar{x}_0}=\frac{\bar{x}_n}{\bar{x}_0}\times\frac{\bar{x}_1}{\bar{x}_n} \tag{7-18}$$

（2）绝对数形式：

$$(\bar{x}_1-\bar{x}_0)=(\bar{x}_n-\bar{x}_0)+(\bar{x}_1-\bar{x}_n) \tag{7-19}$$

【例7-6】某公司各类职工及月职务工资水平资料如表7-5所示，试分析该公司全部职工月平均职务工资变动程度。

表7-5　某公司各类职工及月职务工资水平资料

职工类别	月职务工资水平（元）		职工人数（人）	
	基　期（x_0）	报告期（x_1）	基　期（f_0）	报告期（f_1）
高级职员	2240	2720	400	320
中级职员	1680	2000	880	800
初级职员	1400	1680	1120	1280
合　　计	1642.68	1925.32	2400	2400

解：分别计算各期的平均指标：

基期$\bar{x}_0=\frac{\sum x_0 f_0}{\sum f_0}=1642.68$（元）

报告期$\bar{x}_1=\frac{\sum x_1 f_1}{\sum f_1}=1925.32$（元）

假定期$\bar{x}_n = \frac{\sum x_0 f_1}{\sum f_1} = 1605.33$（元）

①计算可变构成指数 $\bar{K}_{可变}$，将表 7－5 中的资料代入公式(7－15)计算得：

$$\bar{K}_{可变} = \frac{\bar{x}_1}{\bar{x}_0} = \frac{\frac{\sum x_1 f_1}{\sum f_1}}{\frac{\sum x_0 f_0}{\sum f_0}} = \frac{1925.32}{1642.68} = 117.21\%$$

$$\bar{x}_1 - \bar{x}_0 = \frac{\sum x_1 f_1}{\sum f_1} - \frac{\sum x_0 f_0}{\sum f_0} = \bar{x}_1 - \bar{x}_0 = 1925.32 - 1642.68 = 282.64 \text{（元）}$$

说明该公司全部职工月平均工资提高了 17.21%，即月平均工资增长了 282.64 元。其结果是由两个因素影响所致，一个是各类职工人数结构变动的影响；另一个是各类职工月职务工资水平变动的影响。

②计算结构影响指数 $\bar{K}_{结构}$，将表 7－5 中的资料代入公式(7－16)计算得：

$$\bar{K}_{结构} = \frac{\bar{x}_n}{\bar{x}_0} = \frac{\frac{\sum x_0 f_1}{\sum f_1}}{\frac{\sum x_0 f_0}{\sum f_0}} = \frac{1605.33}{1642.68} = 97.73\%$$

$$\bar{x}_n - \bar{x}_0 = \frac{\sum x_0 f_1}{\sum f_1} - \frac{\sum x_0 f_0}{\sum f_0} = 1605.33 - 1642.68 = -37.35 \text{（元）}$$

计算结果表明，由于该公司职工结构的变动，使公司的平均工资降低了 2.27%，减少了 37.35 元。

③计算固定构成指数 $\bar{K}_{固定}$，将表 7－5 中的资料代入公式(7－17)计算得：

$$\bar{K}_{固定} = \frac{\bar{x}_1}{\bar{x}_n} = \frac{\frac{\sum x_1 f_1}{\sum f_1}}{\frac{\sum x_0 f_1}{\sum f_1}} = \frac{1925.32}{1605.33} = 119.93\%$$

$$\bar{x}_1 - \bar{x}_n = \frac{\sum x_1 f_1}{\sum f_1} - \frac{\sum x_0 f_1}{\sum f_1} = 1925.32 - 1605.33 = 319.99 \text{（元）}$$

计算结果表明，由于该公司内部各类职工月工资水平的变动，使公司的平均工资提高了 19.93%，增长了 319.99 元。

根据上述资料编制平均指标指数体系：

相对数形式：117.21% = 97.73% × 119.93%

绝对数形式：282.64 元 = －37.35 元 + 319.99 元

计算结果表明，由于该公司工资水平高的职员所占的比重降低，工资水平低的职员所占的比重提高，使得整个公司的职工工资水平下降了 2.27%，减少了 37.35 元；由于该公司各类职员的月平均工资分别有不同程度的提高，使得整个公司的职工工资水平提高了 19.93%，增长了 319.99 元。这两个因素共同作用的结果是：整个公司的职工工资水平提高了 17.21%，增长了 282.64 元。

本章知识架构

- 指数分析法
  - 统计指数概述
    - 含义（广义、狭义）
    - 作用
    - 种类
      - 按研究范围（个体指数、类指数、总指数）
      - 按指数化指标性质不同（数量指标指数、质量指标指数）
  - 统计指数的编制与计算
    - 综合指数
      - →同度量因素（概念、作用）
      - 数量指标指数的编制
      - 质量指标指数的编制
    - 平均数指数
      - 算术平均数指数
      - 调和平均数指数
      - 固定加权平均法
        - 居民消费价格指数
        - 工业产品产量指数
        - 农副产品收购价格指数
  - 指数体系及因素分析
    - 含义
    - 作用
      - 因素分析
      - 相互推算
    - 因素分析法
      - 总量指标变动的因素分析（两因素分析、多因素分析）
      - 平均指标指数的因素分析

复习思考题

1. 什么是统计指数？它的主要作用是什么？
2. 什么是数量指标指数和质量指标指数？试举例说明。
3. 编制总指数的形式有哪几种？各有何特点？
4. 编制综合指数时，如何确定其指数化因素和同度量因素？
5. 什么叫指数体系？为什么要研究指数体系？
6. 因素分析的步骤怎样进行？

案例分析

1. 用同样多的钱却只能买到比原来少15%的商品，请问：商品价格是如何变动的？

分析如下：

由题意可知，同样多的钱即为销售额不变，所买的商品比原来少15%即销售量指数为100% －15% ＝85%。根据指数体系：

销售额总指数＝销售量总指数×销售价格总指数

可得：

100% =85% ×销售价格总指数

销售价格总指数 =100% ÷85% =117.65%

由此可知，价格指数为117.65%，即价格上涨了17.65%。

2. 据调查，某地甲、乙、丙、丁四种代表商品的个体价格指数分别为110%、95%、100%和105%，各类代表商品的固定权数（W）分别为10%、40%、30%和20%，试计算这四种商品的价格总指数。

分析如下：

本题需要采用固定加权平均数指数进行计算。

根据固定加权平均数指数的计算公式 $\bar{K}=\frac{\sum kw}{\sum w}$ 计算得：

$$\bar{K}=\frac{110\%\times10\%+95\%\times40\%+100\%\times30\%+105\%\times20\%}{10\%+40\%+30\%+20\%}$$

$$=\frac{110\%}{100\%}=110\%$$

第八章*

抽样推断分析法

在无法或没必要进行全面调查的情况下，可通过抽样推断掌握现象的全面情况。

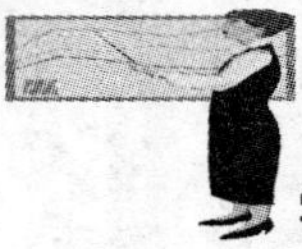

学习目标

抽样推断方法是现代统计中最为常用的一种分析方法，是在抽样调查的基础上进行的。通过本章学习，要求了解抽样推断的特点及作用；明确统计推断中涉及的基本概念；掌握抽样误差的含义及简单随机抽样方式抽样误差的计算；能够根据样本资料进行区间估计，并能根据要求确定样本容量。

第一节 抽样推断概述

一、抽样推断的意义

（一）抽样推断的含义及特点

抽样推断是在抽样调查的基础上，利用样本的实际资料推断全及总体数量特征的一种统计分析方法。它是按随机原则从全部研究对象中抽取一部分单位进行观察，获得各项数据，并进一步运用数理统计的原理，根据抽样调查的样本数据，对被研究现象总体的有关数量特征做出具有一定可靠程度的估计和判断，以达到对现象总体的认识。

如果说以前各章的统计方法都是研究如何根据全面调查得到的资料来描述总体的数量特

征，那么这一章所研究的方法则是如何根据已知的部分资料来推断未知的总体情况，因此无论在理论上和方法上都有其显著的特点：

（1）抽样推断是由部分推算整体的一种统计方法。在许多情况下，我们面临既要对现象总体的数量特征做出估计和判断，同时又囿于各种条件的限制只能就总体部分单位进行调查的矛盾。例如，要了解某种工业产品的质量，需要进行破坏性实验，但又不能对全部产品都进行实际的检验等。抽样推断理论科学地论证了样本指标与总体指标之间的内在联系，有效地提供了以部分资料推算总体指标的方法，使统计认识活动和统计科学得到了发展。

（2）抽样推断是建立在随机取样的基础上。随机原则是指抽取样本时，总体各单位中选与否不受主观因素的影响，每个单位都有同等中选与不中选的机会。坚持随机原则的目的在于尽可能确保样本的结构与总体的结构相类似，以提高抽样推断的准确性与可靠性。但坚持随机原则并不排除人们利用对现象总体已有认识来选择和改善抽样组织形式，减少估计和判断的误差。

（3）抽样误差可以计算和控制。样本指标是一个随机变量，它与总体指标之间不存在自变量与因变量之间严格对应的函数关系，因此不能利用函数关系进行推算。抽样推断根据概率论的原理，用样本指标值估计或判断总体相应指标值的可能范围，并指出这种估计与判断的可靠程度。抽样推断会存在误差，但抽样误差范围可以事先通过有关资料加以计算，并能够采取一定的措施来控制这个误差范围，使抽样推断结果达到一定的可靠程度。

（二）抽样推断的作用

（1）运用抽样推断了解全面情况。在无法进行或进行全面调查有困难时，可运用抽样推断来了解全面情况。对于无限总体只能利用抽样推断来了解总体的全面情况。对于属于破坏性或消耗性的产品质量检验，只能进行抽样推断。对于有些现象总体范围太大，单位分布很分散，实际上很难而且也不必要进行全面调查，可以用抽样推断来掌握其全面情况。

（2）应用抽样推断对资料予以补充修正。应用抽样推断结果，可以对全面调查的资料予以补充和修正。由于抽样调查范围小，组织简便，与全面调查相比省时省力，可增加调查项目作较深入细致地调查，从而补充全面调查的不足。全面调查由于范围广、工作量大，参加的人员多，登记性误差较大。因此，可以利用抽样调查的资料加以检验和修正。

（3）抽样推断用于产品质量检验和控制。抽样推断可用于工业生产过程的产品质量检验和控制。抽样推断不但广泛用于生产成果的核算和估计，而且有效地应用于成批或大量连续生产的企业在产品生产过程中的质量控制，检查生产过程是否正常，及时提供有关信息，便于采取措施，预防不合格品的发生。

二、抽样推断中的几个基本概念

（一）全及总体和样本总体

全及总体是抽样推断所要研究对象的全部单位组成的总体，也叫总体或母体。样本总体是按随机原则中从全及总体中抽取出来的单位组成的总体，也叫样本或子样。例如，我们要研究职工的收入水平，从全部职工中随机抽取一部分职工进行调查，那么全体职工便构成一个全及总体，抽取的部分职工就构成样本。

抽样推断中，当研究的问题涉及总体单位数量标志时，称该总体为变量总体；当研究问题涉及总体单位的品质标志时，称该总体为属性总体；若同时研究总体单位的数量标志和品质标志，则该总体既是变量总体又是属性总体。

全及总体单位数通常用N表示，样本中的单位数称为样本容量，通常用n表示。在社会经济统计中，总体单位N一般是很大的数，有时可以是无限的；样本容量n相对于总体单位数N总是很小的。样本容量n小于30的样本叫小样本，大于等于30的样本叫大样本。

对于一个被研究的现象而言，全及总体是惟一的，而样本总体不是惟一确定的。一个全及总体可能抽取很多个样本总体，全部样本的可能数目既与样本容量有关，也与抽样方法有关，样本个数与样本容量是两个不同的概念。

（二）全及指标和样本指标

全及指标也即全及总体指标，是反映全及总体数量特征的综合指标，理论上根据全及总体各单位的变量值或属性特征计算的。样本指标，是反映样本总体数量特征的综合指标，是根据样本各单位的变量值或属性特征计算的。

抽样推断中应用的指标主要是平均数、成数及其标准差或方差（标准差的平方）。全及指标用大写字母表示，样本指标用小写字母表示。全及平均数、成数及其标准差分别表示为：$\overline{X}$、P、σ_x 和 σ_p，样本平均数、成数及其标准差分别表示为：$\overline{x}$、p、S_x 和 S_p。

平均数及其标准差的含义和计算方法与第五章介绍的完全一致。成数是说明总体中具有某种标志表现的单位数在总体中所占的比重，例如产品按质量要求分为合格品和不合格品，那么，合格率就是一个成数。成数及其标准差的计算与第五章介绍的是非标志标准差一致，即：

$$\frac{N_1}{N} = P \tag{8-1}$$

$$\sigma_p = \sqrt{P(1-P)} \tag{8-2}$$

需要强调的是，全及指标与其对应的样本指标计算方法相同，但在抽样推断时，我们首先是根据抽样调查的资料计算样本指标，而后才推算全及指标。

在抽样推断中，全及指标是惟一确定的数值，又叫总体参数。但是，全及指标是未知的，抽样的目的就是要估计它。就一个样本而言，其指标值是可计算和确定的，由于从一个总体中可抽出众多的样本，不同的样本就有不同的样本指标值，因此，样本指标是个变量，并且由于抽样是随机的，所以样本指标是随机变量。

课堂练习与活动

如果你一次又一次地重复某项调查，每次你向随机抽取的100个人提出同样的问题“考试前是否会延长学习时间?”那么，每次你都能得到不同的说“是”的人数的百分数。这些百分数是样本指标还是全及指标，是成数还是平均数?

（三）抽样的方法

按随机原则具体抽取样本单位时，可采用两种不同的方法：重复抽样和不重复抽样。

重复抽样也叫放回抽样，其做法是每次从总体中随机抽取一个单位进行观察登记后，将该单位放回总体，保持总体单位数不变，再进行下一个单位的抽取，如此反复n次，才能抽足容量为 n 的样本。重复抽样中，同一单位可能被反复抽到，从而影响样本的代表性，形成较大的抽样误差。

不重复抽样也叫不放回抽样，其做法是每次从总体中随机抽取一个单位进行观察登记后，不再放回总体，在此基础上抽取第二个单位。因此，每抽一次，总体单位就减少一个。实际上，不重复抽样往往是一次就抽足 n 个样本单位的。因此，不重复抽样中，每个单位只有一次被抽中的机会。当样本容量相同时，不重复抽样条件下样本的代表性要高于重复抽样，所以在实际工作中，多采用不重复抽样的方法。

（四）抽样调查的组织形式

根据统计任务要求和现象总体特点的不同，在随机抽取样本单位时，可以采用不同的组织形式。常用的抽样组织方式如下：

1. 简单随机抽样

简单随机抽样是在确定被研究现象总体单位的范围后，将各总体单位编号，用抽签、机械摇号或利用随机数码表等方法来随机抽取样本单位的抽样组织方式。

简单随机抽样在理论上最符合随机原则，所以又被称为纯随机抽样。它的抽样误差容易得到理论论证，是研究其他抽样组织方式条件下抽样误差的基础，也是衡量其他抽样方式抽样效果的比较标准。

当总体单位的标志变异程度不大或者具有某种特征的单位均匀地分布于总体各部分时，用这种方式最适宜。但简单随机抽样在实践上受到许多限制，当总体单位数目很多时，逐一编号是困难的；有些现象如连续生产过程中的产品，也无法事先编号。另外，在总体单位标志变异大、分布又不均匀时，简单随机抽样效果不理想。

2. 类型抽样

类型抽样又叫分层抽样，其特点是先按某一重要标志将总体分类，再按一定比例从各类型中随机抽取单位组成样本。

类型抽样中，总体各单位之间的差异因分类而缩小，各类型又都有单位被抽中，其样本结构因此比较接近总体结构，能有效地减少抽样误差。类型抽样适用于总体情况复杂，总体单位之间差异大和总体单位数较多的对象。

类型抽样一般是按各类型组的单位数占总体单位数比例，从各类中抽取单位的，称为等比例抽样。但有些情况下，各类型组的总体单位数相差悬殊，就应该采用不等比例抽样，以保证总体单位数少的类型组也有单位被抽中。

3. 等距抽样

等距抽样又叫机械抽样或系统抽样，其特点是先将总体单位按某一标志的具体表现依次排列，再按一定间隔或顺序抽取单位，组成样本。

选作排列的标志有无关标志和有关标志。无关标志是指用来排队的标志与所研究总体单位的变量值大小无关或不起重要影响作用，例如，在家计调查中，抽选样本单位时将居民户按姓氏笔划排队。有关标志是指用来排队的标志与所研究总体单位变量值大小有密切关系的标志，如农产量调查中按上年或最近三年平均亩产量排队。

等距抽样能使抽出的单位较均匀地分布在总体中，有利于减少抽样误差，同时便于组织，因此，在实践中广泛使用。但是，对于有周期性或节奏性变化的现象，在等距抽样中应注意避免抽样间隔与周期或节奏重合而引起的系统性误差。

4. 整群抽样

整群抽样的特点是将总体单位划分为若干群体后，随机抽取部分群体，由选中的群体所包含的全部单位组成样本。与前述三种方式的显著区别在于，它不是按总体单位一个一个抽取，而是以群（或组）为单位一群一群抽取。

当总体单位多、分布区域广，缺少进行抽样的抽样框，不具有抽取单个样本单位的条件时，可采用这种组织形式。

整群抽样组织方便，抽中的单位集中，便于调查。但由于样本单位集中，显著地影响了样本单位在总体中的均匀分布。因此，与其他抽样方式比较，在样本容量相同时，整群抽样的抽样误差较大。

5. 多阶段抽样

多阶段抽样又称为多级抽样。它是把抽取样本单位的过程划分为几个阶段，然后逐阶段抽取样本单位的抽样组织方式。例如，我国农产量调查，第一阶段从省抽县，第二阶段从县抽乡，再由乡抽村，村抽地块，最后由地块抽实割实测样本点。

多阶段抽样方式比较灵活，便于组织。当总体很大，总体单位分布面很广，从技术上很难一次直接从总体中抽齐所有样本单位时，必须采用多阶段抽样。

简单随机抽样是其他抽样组织形式的基础。本章以简单随机抽样为基础理论，阐述抽样推断的基本原理和方法。

课堂练习与活动

为了反映某项调查的总体百分数，在某地区进行的调查中，有意识地包括60%的农民、20%的工人、20%的其他职业者的样本，这是何种抽样调查形式？

第二节　总体指标的推断

一、抽样误差

（一）抽样误差的含义及影响因素

1. 抽样误差的含义

抽样调查的目的，在于抽选总体中的部分单位进行调查，以推算总体的有关指标。用样本指标推算全及指标，二者之间的误差是不可避免的，所以，在对总体指标进行推断之前我们有必要研究抽样误差。

抽样误差是指样本指标与总体指标之间的绝对离差，即：$|\bar{x}-\bar{X}|$ 或 $|p-P|$。

产生抽样误差的原因很多，但归纳起来可分为两类：一类是登记性误差，包括故意登记错和无意登记错；另一类属代表性误差，即由于样本对总体的代表性而造成的误差。代表性误差又包括两种情况：一种是违反随机原则抽取样本单位而造成的系统性误差，例如，调查人员故意去抽取较好或较差的单位来组成样本；另一种则是由于抽样调查所抽得的样本单位的构成与总体的构成极少完全相同而导致的误差，这种误差是抽样调查本身所固有的、偶然性误差。登记性误差和系统性误差经过努力是可以避免的，但偶然性误差是难以消除的，这里所指的抽样误差，就是专指这种原因造成的误差。抽样误差是抽样调查所固有的和不可避免的，但我们能够根据数理统计方法，计算其误差大小并通过改善抽样条件来加以控制。

需要着重指出的是，抽样误差不是固定不变的数，它随样本不同而不同，因而其是一个随机变量。并且每一次抽样的具体误差大小是不知道的，也是不可能进行全面调查加以核对的。

2. 影响抽样误差大小的主要因素

为了控制抽样误差，必须分析影响抽样误差的因素。影响抽样误差大小的主要因素有：

（1）全及总体标志差异程度的大小。在其他条件不变的情况下，抽样误差的大小与全及总体标志变异程度的大小成正比。总体标志变异程度越大，抽样误差也越大；反之则越小。若总体单位之间没有差异，也就不存在抽样误差。

（2）样本容量的大小。在其他条件不变的情况下，样本容量越大，抽样误差越小，若样本容量扩大到整个总体时，抽样误差也就不存在了。

（3）抽样组织方式和抽样方法。抽样误差除受前述两个因素影响外，还受抽样组织形式和抽样方法的影响。一般来说，等距抽样和类型抽样比简单随机抽样和整群抽样的误差要小；不重复抽样比重复抽样的误差小。

了解影响抽样误差的因素，对我们控制和分析抽样误差，掌握抽样误差的具体计算方法是很有用的。

（二）抽样平均误差

抽样平均误差就是反映抽样误差一般水平的指标。由于从一个总体可能抽取很多样本，因此，样本指标就有许多不同的数值，因而与全及指标的离差也就有大有小，这样就有必要用一个指标来衡量抽样误差的一般水平。

通常用抽样平均数的标准差或抽样成数的标准差作为衡量误差一般水平的尺度。这是因为样本平均数的平均数等于全及总体平均数，而样本成数的平均数等于全及总体成数，抽样标准差恰好反映了抽样指标与全及总体指标之间的平均误差程度。用 $\mu_{\bar{x}}$ 表示平均数的抽样平均误差，用 μ_p 表示成数的抽样平均误差，M 表示全部可能的样本数目，两者的计算公式如下：

$$\mu_{\bar{x}} = \sqrt{\frac{\sum(\bar{x} - \bar{X})}{M}} \qquad \mu_p = \sqrt{\frac{\sum(p - P)^2}{M}}$$

若按此公式计算，必须得到全部可能样本的指标。但是在实际工作中，通常只抽取一个样本，并且全及总体指标是不知道的，因此，上式只是一个理论公式，实际中不能应用。数理统计证明，在简单随机抽样方式下，可用下列公式计算抽样平均误差。

由于从总体中随机抽取样本的方法不同，有重复抽样和不重复抽样的区别，因而具体计算抽样平均误差的公式略有差异。

简单随机抽样方式下抽样平均误差的计算公式如下：

1. 重复抽样

（1）平均数的抽样平均误差：

$$\mu_{\bar{x}}=\sqrt{\frac{\sigma_x^2}{n}}=\frac{\sigma_x}{\sqrt{n}} \tag{8-3}$$

式中 $\mu_{\bar{x}}$ 代表平均数的抽样平均误差；σ_x 代表全及总体平均数标准差；n 代表样本单位数目。

（2）成数的抽样平均误差：

$$\mu_p=\sqrt{\frac{\sigma_p^2}{n}}=\sqrt{\frac{P(1-P)}{n}} \tag{8-4}$$

式中 μ_p 代表成数的抽样平均误差；σ_p 代表全及总体成数标准差；P 代表全及总体成数。

这是计算抽样平均误差的两个基本公式。从公式中我们可以看出影响抽样平均误差的各因素所起的作用：当总体标准差比较大时，在其他条件不变的情况下，抽样误差就大；如果把样本容量扩大，在其他条件不变的情况下，抽样平均误差就可以缩小。也就是说，抽样平均误差和总体标准差成正比，与样本单位数目的平方根成反比。由于总体标准差的大小是客观存在的，要想缩小抽样平均误差，只有保证有足够多的样本单位数和选择适当的抽样方式才能做到。

在应用上述公式计算时，首先遇到的问题就是缺乏总体标准差 σ_x 和 σ_p。那么，如何计算抽样平均误差呢？数理统计证明：只要抽样单位数目是足够多，用样本标准差代替总体标准差，计算结果是十分接近的。所以，在实际工作中，我们可以用 S_x 代替 σ_x，用 S_p 代替 σ_p。

但是，必须明确应用上述公式的前提条件是抽样调查之后已得到样本资料。如果在调查之前进行分析和控制抽样误差时，一般可采用某些估计材料或历史资料或经过一些小规模的试验性调查，取得资料来代替。

2. 不重复抽样

（1）平均数的抽样平均误差：

$$\mu_{\bar{x}}=\sqrt{\frac{\sigma_x^2}{n}\left(1-\frac{n}{N}\right)} \tag{8-5}$$

（2）成数的抽样平均误差：

$$\mu_p=\sqrt{\frac{P(1-P)}{n}\left(1-\frac{n}{N}\right)} \tag{8-6}$$

由于 $\left(1-\frac{n}{N}\right)$ 永远是一个小于 1 的正数，所以在相同条件下，不重复抽样的平均误差永远要小于重复抽样的平均误差。但是，一般来说，进行抽样调查的全及总体单位数（N）往往是很大的，而样本单位数(n)相对来说是很小的。所以，当 $\frac{n}{N}$ 几乎趋于 0 时，$\left(1-\frac{n}{N}\right)$ 的数值也就几乎接近于 1。这时对抽样平均误差的调整作用也就微乎其微了。所以，在实际工作中，一般是用不重复抽样的方法抽取样本，用重复抽样的方法计算抽样平均误差，特殊规定除外。

课堂练习与活动

某乡2011年播种小麦2000亩，随机抽取了其中的100亩，测得亩产量为450千克，标准差为50千克。现在要求用这100亩的情况推算2000亩的情况，试计算平均亩产量的抽样平均误差。

（三）抽样极限误差

前面介绍了抽样平均误差的概念与计算公式，但在进行抽样调查时，实际上只抽取一个样本，因此，实际的抽样误差可能大于也可能小于抽样平均误差。对于某一项抽样调查来说，根据客观要求一般应有一个允许的误差限度，也就是说若抽样误差在这个限度内就认为是可允许的，这一允许的误差限度就是极限误差。可见，抽样极限误差是样本指标与全及指标之间产生抽样误差被允许的最大可能范围，也可称之为允许误差。通常用Δ来表示：

$$\Delta_{\bar{x}} = |\bar{x} - \bar{X}| \text{ 或 } \Delta_p = |p - P|$$

样本指标与全及指标之间的离差可能是正的，也可能是负的，因此，极限误差采用绝对值的形式。

上式可变换为下列不等式：

$$\bar{X} - \Delta_{\bar{x}} \leqslant \bar{x} \leqslant \bar{X} - \Delta_{\bar{x}}$$

$$P - \Delta_p \leqslant p \leqslant P + \Delta_p$$

上式表明，样本平均数以全及总体平均数为中心，在 $\bar{X} \pm \Delta_{\bar{x}}$ 之间变动，样本平均数在区间（$\bar{X} - \Delta_{\bar{x}}$，$\bar{X} + \Delta_{\bar{x}}$）内与全及总体平均数的绝对离差不超过 $\Delta_{\bar{x}}$。同样，样本成数也是如此。

那么，抽样极限误差应该如何计算呢？由于抽样平均误差是衡量样本指标与全及总体指标误差范围的尺度，所以抽样极限误差就用一定倍数的抽样平均误差来计算。其计算公式为：

$$\Delta_{\bar{x}} = t\mu_{\bar{x}} \quad (8-7)$$

$$\Delta_p = t\mu_p \quad (8-8)$$

上述公式表明抽样极限误差是抽样平均误差的t倍。抽样平均误差是我们根据样本资料计算出来的一个定值。因此，若增大或缩小t值，抽样极限误差也随之扩大或缩小。

（四）抽样误差的概率度

上式中的t称为抽样误差的概率度。那么，t又根据什么来确定呢，它的大小是根据对推断结果要求的把握程度（即可信程度）来确定的。推断的把握程度在理论上又称概率保证程度，它是通过相应的概率F（t）来表示的。概率论和数理统计已经证明：概率度t与概率F（t）之间存在着一定的函数关系，为了便于应用，有编好的t与F（t）对应的“正态分布概率表”（见附录一）可以查对。从表中，既可以根据概率度t查到概率F（t），也可以根据抽样推断要求的把握程度F（t）查到概率度t。这样就为抽样推断提供了方便，计算极限误差时，这种数值对应关系是经常要用到的。

根据极限误差的计算公式，可以表明Δ与t和μ三者之间存在着一定的关系：①当μ

为一定时，增大 t 值，把握程度相应增加，误差范围 Δ 也随之扩大，这时估计的精确度却要降低。反之，在 μ 为一定的条件下，要提高估计的精确度，就得缩小 t 值，这时把握程度却要相应的降低。②当 t 为一定时，即将把握程度给定，如果抽样平均误差 μ 小，误差范围 Δ 也就小，估计的精确度就高；如果抽样平均误差 μ 大，误差范围 Δ 也要大，估计的精确度就要低。③如果已求出抽样平均误差 μ，并给定误差范围 Δ，则 Δ 除以 μ 可以求出 t 值，再通过查 t 与 F（t）的查对表，就可以知道把握程度有多大。

上述这些关系，在作区间估计时常要用到，应当理解清楚。

二、总体指标的推断方法

对总体指标的推断（又称估计）有两种形式，点估计和区间估计。

（一）点估计

点估计，简单地说，就是用样本估计量的一个具体观测值直接作为总体的未知参数的估计值的方法，即 $\bar{X}=\bar{x}$ 或 $P=p$。例如，以样本粮食平均亩产 650 斤作为全乡粮食亩产水平的估计值。

估计总体平均数，未必都要用样本平均数，也可以用其他的样本指标，例如用样本中位数、样本众数作为总体平均数的估计量。这就产生一个问题，即应当以哪一种样本统计量作为总体参数的估计量才是最优的？这就涉及到评价优良估计的标准问题。所谓优良估计总是从总体上来评价的。作为优良的估计量应该符合以下三个标准：

（1）无偏性。即从抽样指标估计总体指标要求抽样指标的平均数等于被估计的全及总体指标。也就是说，虽然每一次的抽样指标和全及指标都可能有误差，但在多次反复的估计中，各个抽样指标的平均数应该等于总体指标，即抽样指标的估计平均说来是没有偏误的。

（2）一致性。抽样指标估计总体指标，要求当样本的单位数 n 充分大时，抽样指标也充分靠近总体指标。也就是说，随着样本单位数的无限增加，抽样指标和未知的总体指标之差的绝对值小于任意小数。

（3）有效性。以抽样指标估计总体指标，要求作为优良估计量的方差应该比其他估计量的方差小。

（二）区间估计

区间估计是根据一定的精确度或概率保证程度的要求，以及样本和抽样误差资料，推断总体指标区间范围的一种估计方法。由于这种估计的区间能以一定的概率保证程度（也即置信度）来保证估计的准确性，因此，也称该区间为置信区间。

对 $\Delta_{\bar{x}}=|\bar{x}-\bar{X}|$ 和 $\Delta_p=|p-P|$ 进行变换得：

总体平均数的区间范围：$\bar{x}-\Delta_{\bar{x}}\leqslant\bar{X}\leqslant\bar{x}+\Delta_{\bar{x}}$ （8－9）

总体成数的区间范围：$p-\Delta_p\leqslant P\leqslant p+\Delta_p$ （8－10）

根据要求条件的不同，区间估计有两种形式。一种是要求估计结果有一定的精确度，即给出误差范围，然后求出总体指标的置信区间，并指出估计的置信度（也即概率保证程度）；另一种是要求在一定概率保证程度下，确定总体指标的置信区间。

【例 8－1】 某高校对一年级 1000 名新生英语学习情况进行调查，从中随机抽取 100 名学生，其成绩资料整理如表 8－1。

表 8－1　　某高校新生英语成绩分布表

按成绩分组（分）	人数（人）	比重（%）
60 以下	2	2
60～70	26	26
70～80	44	44
80～90	26	26
90～100	2	2
合　计	100	100

根据上述资料，对该校一年级 1000 名学生的英语平均成绩和及格率进行区间估计（概率保证程度为 95.45%）。

解：

（1）根据样本资料计算样本指标：

平均数：$\bar{x}=\frac{\sum xf}{\sum f}=75$（分）

$$S_x=\sqrt{\frac{\sum (x-\bar{x})^2 f}{\sum f}}=\sqrt{\frac{6800}{100}}\approx 8.2\text{（分）}$$

成数：$p=\frac{n_1}{n}=98\%$

$$S_p=\sqrt{p(1-p)}=14\%$$

（2）根据给定的概率保证程度 F（t）＝95.45%，查概率表得概率度 t＝2，据以计算极限误差（用样本误差代替全及误差）：

按重复抽样公式计算：

$$\Delta_{\bar{x}}=t\mu_{\bar{x}}=t\frac{\sigma_x}{\sqrt{n}}=2\times\frac{8.2}{\sqrt{100}}=1.64\text{（分）}$$

$$\Delta_p=t\mu_p=t\sqrt{\frac{P(1-P)}{n}}=2\times\frac{14\%}{\sqrt{100}}=2.8\%$$

按不重复抽样公式计算：

$$\Delta_{\bar{x}}=t\mu_{\bar{x}}=t\sqrt{\frac{\sigma_x^2}{n}\left(1-\frac{n}{N}\right)}=1.64\times\sqrt{1-\frac{100}{1000}}\approx 1.64\times 0.95\approx 1.56\text{（分）}$$

$$\Delta_p=t\mu_p=t\sqrt{\frac{p(1-P)}{n}\left(1-\frac{n}{N}\right)}=2.8\%\times\sqrt{1-\frac{100}{1000}}$$

$$\approx 2.8\%\times 0.95\approx 2.7\%$$

（3）进行区间估计。按重复抽样方法进行估计：以概率为 95.45% 的保证程度，该校 1000 名学生的英语平均成绩在 73.36 分～76.64 分之间；及格率在 95.2%～100% 之间。

按不重复抽样方法进行估计：以概率为 95.45% 的保证程度，该校 1000 名学生的英语平均成绩在 73.44 分～76.56 分之间；及格率在 95.3%～100% 之间。

本例中，由于没有指出抽样的方法，所以在采用重复抽样的公式的同时，也采用不重复抽样的公式进行了计算。事实上，在抽样调查中，一般均采用不重复抽样方法抽取样本单位。但在计算和控制误差时，却往往采用重复抽样的公式，其原因在于这样更容易计算。

课堂练习与活动

你希望估计某股票投资者所占的百分比。你随机询问了30个人并发现有6人投资于该股票。假设有95.45%的置信水平，该股票投资者所占的百分比的置信区间是什么？

第三节　样本容量的确定

一、确定样本容量的必要性

本章前面所举的例子，都是假定样本容量已定。在实际设计抽样方案时，往往需要确定样本容量的大小。根据大数定律，在抽样推断中，抽取样本单位数越大，样本的代表性越大，抽样误差越小，抽样推断就越准确。然而，抽取样本单位数过多，在人力、物力和时间上都会造成浪费；如果抽取单位数过少，则抽样误差太大，使抽样推断没有实际意义。所以在组织抽样调查时，应抽取多大规模的样本，即抽取多少样本单位，是一个非常重要的问题。一般情况下，应在保证满足抽样调查对数据的估计精确度和概率把握程度下，尽量减少样本容量。因此，为避免抽样调查时抽取样本单位过多或过少，样本总体究竟应抽取多少单位数目必须根据调查研究的任务要求并考虑到有关因素，事先加以计算确定。

二、影响样本容量大小的因素

确定样本容量时，应考虑以下四个主要因素：

（一）标志变动度

如果总体单位被研究标志的变异程度大，为了保证样本的代表性，则应抽取较多的样本单位；反之，则应抽取较少的样本单位。

（二）推断的精确程度

对推断精确度的要求，也即极限误差范围的大小。在其他条件不变的情况下，精确度要求越高，即极限抽样误差范围越小，抽样单位数目就需要增加；反之，就可以少些。

（三）推断的可靠程度

要求的可靠程度越高，则应抽取的样本单位越多；要求的可靠程度越低，则应抽取的样本单位越少。

（四）抽样方法和抽样组织形式

不同的抽样方法和组织形式会产生不同的抽样误差，进而影响估计的精确度。在其他条件不变的情况下，类型抽样和等距抽样比简单随机抽样、整群抽样所需要的样本单位数可以少些；不重复抽样比重复抽样单位数目可少些。

下面，我们以简单随机抽样的组织形式为例，来说明样本容量的确定方法。

三、样本容量的确定方法

根据确定样本单位数目的依据，可由极限误差公式来反映它们之间的联系，因此，将极限误差公式加以推演，就可导出必要样本单位数目的公式。在此，我们仅介绍简单随机抽样方式一种情况。

（一）确定推断总体平均数所需的样本单位数目

1. 重复抽样

$\because \Delta_{\bar{x}} = t\mu_{\bar{x}} = t\dfrac{\sigma_x}{\sqrt{n}}$，两边平方得：$\Delta_{\bar{x}}^2 = \dfrac{t^2\sigma_x^2}{n}$

则所需的样本单位数目：$n = \dfrac{t^2\sigma_x^2}{\Delta_{\bar{x}}^2}$　　（8－11）

【例8－2】某高校对一年级1000名新生英语的平均成绩进行抽样推断，已知上届学生的英语成绩的标准差为9.2分，试确定在允许误差不超过2分，概率保证程度为95.45%的情况下，应该抽取多少名新生进行调查。

解：根据给定的概率保证程度，查概率表得概率度 t＝2。

$$n = \frac{t^2\sigma_x^2}{\Delta_x^2} = \frac{2^2 \times 9.2^2}{2^2} = 84.64 \approx 85\ （人）$$

2. 不重复抽样

$\because \Delta_{\bar{x}} = t\mu_{\bar{x}} = t\sqrt{\dfrac{\sigma_x^2}{n}\left(1-\dfrac{n}{N}\right)}$，两边平方得：$\Delta_{\bar{x}}^2 = \dfrac{t^2\sigma_x^2}{n}\left(1-\dfrac{n}{N}\right)$

则所需的样本单位数目：$n = \dfrac{t^2\sigma_{\bar{x}}^2 N}{N\Delta_{\bar{x}}^2 + t^2\sigma_{\bar{x}}^2}$　　（8－12）

现仍用上例，可得所需的样本单位数目：

$$n = \frac{t^2\sigma_{\bar{x}}^2 N}{N\Delta_{\bar{x}}^2 + t^2\sigma_{\bar{x}}^2} = \frac{2^2 \times 9.2^2 \times 1000}{1000 \times 2^2 + 2^2 \times 9.2^2} \approx 78\ （人）$$

由此可见，在相同的要求下，不重复抽样与重复抽样相比所需的样本单位数目较少。其原因在于，不重复抽样比重复抽样的误差小，因而在允许误差相同的情况下，不重复抽样所抽取的样本单位数目则可少一些。

（二）确定推断总体成数所需的样本单位数目

1. 重复抽样

$\because \Delta_p = t\mu_p = t\sqrt{\dfrac{P(1-P)}{n}}$，　两边平方得：$\Delta_p^2 = t^2\dfrac{P(1-P)}{n}$

则所需的样本单位数目：$n = \dfrac{t^2 P(1-P)}{\Delta_p^2}$　　（8－13）

【例8－3】某高校对一年级1000名新生英语及格率进行调查，已知上届学生的英语成绩的及格率为96%，试确定在95.45%的概率保证程度下，允许误差不超过2%时应该抽取多少名新生进行调查。

解：根据给定的概率保证程度，查概率表得概率度 t＝2。

则所需的样本单位数目：$n=\dfrac{t^2P\ (1-P)}{\Delta_p^2}=\dfrac{2^2\times 96\%\times 4\%}{2\%^2}=384$（人）

2. 不重复抽样

$\because \Delta_p=t\mu_p=t\sqrt{\dfrac{p(1-P)}{n}(1-\dfrac{n}{N})}$，两边平方得：$\Delta_p^2=t^2\dfrac{P(1-p)}{n}(1-\dfrac{n}{N})$

则所需的样本单位数目：$n=\dfrac{Nt^2P\ (1-p)}{N\Delta_p^2+t^2P\ (1-p)}$ （8－14）

现仍用上例，可得所需的样本单位数目：

$$n=\frac{Nt^2P\ (1-p)}{N\Delta_p^2+t^2P\ (1-p)}=\frac{1000\times 2^2\times 96\%\times 4\%}{1000\times 2\%^2+2^2\times 96\%\times 4\%}\approx 242\text{（人）}$$

同理，在相同的要求下，不重复抽样与重复抽样相比所需的样本单位数目较少。

课堂练习与活动

一个市场分析人员想知道：为了确定某地区内看过某种报纸广告的家庭占多大成数，需要从该区抽选多少家庭作样本。这个居民区共有1000户，其中2号居民楼有50%的家庭看过该种报纸的广告，分析人员希望以95.45%的概率保证程度对这个成数作出估计，并使估计值在真正成数附近0.05范围之内。试问应该取多少家庭？

本章知识架构

- 抽样推断分析法
  - 抽样推断概述
    - 抽样推断的意义（含义、特点、作用）
    - 抽样推断几个基本概念
      - 全及总体与样本总体
      - 全及指标与样本指标（平均数、成数、标准差）
      - 抽样方法（重复、不重复）
      - 抽样的组织形式（简单随机抽样、类型抽样、等距抽样、整群抽样、多阶段抽样）
  - 总体指标的推断
    - 抽样误差（含义、平均误差、极限误差、抽样误差的概率度）
    - 总体指标的推断方法（点估计、区间估计）
  - 样本容量的确定
    - 影响因素（标志变动度、推断精确度、推断可靠度、抽样方式方法）
    - 方法（简单随机抽样平均数和成数所需样本容量）

复习思考题

1. 阐述全及总体、样本总体、全及指标、样本指标的含义。
2. 为什么说全及总体指标是惟一的量，而样本指标则不是惟一的量？
3. 抽样误差的大小受哪些因素的影响？
4. 什么是抽样平均误差？为什么它不是实际误差？
5. 为什么不重复抽样的平均误差小于重复抽样的平均误差？

6. 抽样平均误差、极限误差和概率保证程度之间的关系如何？
7. 影响样本容量的因素有哪些？如何确定必要的抽样数目？
8. 总体指标的估计有哪些方法？如何进行区间估计？

案例分析

1. 电话咨询服务部门在每次通话结束时都要记下通话的时间，从一个由16个记录组成的简单随机样本得出一次通话的平均时间为1.6分钟。试在90%的概率保证程度下估计总体平均数的区间范围。已知总体服从标准差为0.7分钟的正态分布。

分析如下：

首先由资料确定：已知的条件是由16个记录组成的简单随机样本，说明样本容量为16；一次通话的平均时间为1.6分钟指的是样本平均数；已知总体服从标准差为0.7分钟的正态分布表明总体标准差是0.7分钟；概率保证程度是90%。要求对总体平均数即平均通话时间进行区间估计。虽然资料中没有指明是不重复抽样，但可以肯定是不重复抽样。然而要确定极限误差时，我们用重复抽样的公式计算，其原因在于这样更容易计算。

根据给定的概率保证程度F（t）=90%，查概率表得概率度t=1.64，则极限误差为：

$$\Delta_{\bar{x}} = t\mu_{\bar{x}} = t\frac{\sigma_x}{\sqrt{n}} = 1.64 \times \frac{0.7}{\sqrt{16}} = 0.287$$

将样本指标与极限误差代入区间估计公式：

$\bar{x} - \Delta_{\bar{x}} \leqslant \bar{X} \leqslant \bar{x} + \Delta_{\bar{x}}$可得：

$1.313 \leqslant \bar{X} \leqslant 1.887$

由此可以说明，总体平均通话时间有90%的概率把握程度是在1.313分钟至1.887分钟之间。

2. 现在想调查一批20000件产品合格率，根据过去资料，合格品率曾有99%、97%、92%三种情况，现在要求允许误差不超过1%，要求推断把握程度为95%时：

（1）用哪一合格率作为样本容量的计算依据，为什么？

（2）应抽取多少件产品进行调查？

分析如下：

（1）用92%的合格率作为样本容量的计算依据，其原因是合格率越接近50%，总体单位标志值的变异程度越大，而总体变异程度是影响样本容量的一个主要因素。如果总体单位被研究标志的变异程度大，为了保证样本的代表性，则应抽取较多的样本单位；反之，则应抽取较少的样本单位。

（2）应抽取多少件产品进行调查，需要计算样本容量。

根据给定的概率保证程度F（t）=95%，查概率表得概率度t=1.96，采用重复抽样所需要的样本容量是：

$$n=\frac{t^2P\ (1-P)}{\Delta_p^2}=\frac{1.96^2\times92\%\times8\%}{1\%^2}=2828\ (件)$$

采用不重复抽样所需要的样本容量是：

$$n=\frac{Nt^2P\ (1-P)}{N\Delta_p^2+t^2P\ (1-P)}$$

$$=\frac{20000\times1.96^2\times92\%\times8\%}{20000\times1\%^2+1.96^2\times92\%\times8\%}=2478\ (件)$$

所以若采用重复抽样的方法应抽取2828件产品，若采用不重复抽样的方法应抽取2478件产品。

第九章*

相关与回归分析法

掌握了现象之间的依存关系，就可以掌握经济管理的主动权。

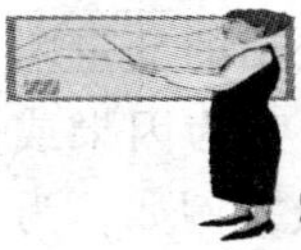

学习目标

相关与回归分析是分析现象之间相互关系的统计分析方法之一。通过本章学习，要求了解相关关系的含义及种类；明确相关分析与回归分析的联系与区别；掌握相关分析与回归分析的特点和方法；能够利用有关资料进行直线相关分析和直线回归分析。

第一节　相关关系概述

一、相关关系的含义

在自然界和社会经济活动中，存在着无数不同的事物和现象，这些事物和现象之间直接或间接地彼此联系着，每一事物和现象的存在和发展都与其周围的事物和现象的存在和发展相联系，并为之所影响和制约。这种联系往往表现为数量上的依存关系，也就是说，当某些事物或现象的数量发生了变动，必然要影响到另一有联系的事物或现象的数量也发生相应的变动，这种关系通常叫作变量关系。在大量的变量关系中，存在着两种不同的类型：函数关系和相关关系。

（一）函数关系

函数关系是指变量之间存在的一种完全确定性的一一对应关系，即一个变量的数值完全由另一个（或一组）变量的数值所确定和控制。

客观世界的各种现象之间，特别是在自然界，广泛存在着函数关系。函数关系的一般数学表达式为：$y=f(x)$。具体可以表现为各种公式，如圆面积对半径的依存关系就可以用一个确定的公式反映出来：$S=\pi r^2$，这里 π 是常数，面积 S 完全由半径 r 来确定，即给定 r 一个值，面积 S 就有惟一确定的值与之相对应，它们之间是确定性的函数关系。

（二）相关关系

相关关系是指变量之间的一种不完全确定的关系，即一个变量虽然受另外一个（或一组）变量的影响，却并不由这一个（或一组）变量完全确定。

例如，每亩耕地的粮食产量与施肥量有一定的依存关系存在，粮食亩产量的高低要受施肥量多少的影响，但在同样施肥量的情况下，不同地块的亩产量可能出现许多不同的数值。若以施肥量为 x、亩产量为 y，在平面上作图，将不难发现，每给出 x 为某一数值时，与其对应的 y 值并不是惟一的，它们的坐标点也不可能落在惟一的直线或曲线上。这是因为粮食的亩产量不仅与施肥量有关，而且还取决于温度、土质、种子、降雨量、耕作深度等等因素。因此，每亩耕地的粮食产量与施肥量之间的这种数量关系就称为相关关系。

在相关关系中，相互联系的现象之间通常存在着一定的因果关系，这时就把其中起着影响作用的变量叫作自变量（用 x 来表示），由于受到自变量变动的影响而发生变动的变量叫作因变量（用 y 来表示）。如上例中，施肥量是自变量，亩产量是因变量。对于互为因果或分不清因果关系的变量，可根据研究目的把某一个定为自变量，另一个为因变量。例如，为了研究在一定工业总产值下，可能消耗多少电，就可以把工业总产值看作自变量，把耗电量看作因变量。

二、相关关系的类型

由于自然现象与社会经济现象之间联系的复杂性，它们的相关关系可以表现为各种不同的形式和类型。我们要把握和研究相关关系，有必要对其进行分类。

（一）按变量之间相关因素的多少分

按变量之间的相关因素的多少分，有单相关和复相关。

单相关是指研究变量之间的相关关系时，只涉及两个变量，即一个自变量和一个因变量。如只研究生产设备能力这一因素对劳动生产率的影响。

复相关是指研究变量之间的相关关系时，涉及三个或三个以上的变量，即两个或两个以上自变量和一个因变量。如同时研究生产设备能力、工人出勤率两个因素对劳动生产率的影响，即为复相关。可见，单相关是复相关的基础。

（二）按变量之间相关关系的方向分

按变量之间相关关系的方向分，有正相关和负相关。

所谓正相关，就是当自变量（x）的数值增加或减少时，因变量（y）的数值也随之增加或减少。相关的两个变量之间变动的方向完全一致。如生产设备能力增加，劳动生产率也随之提高；工商税额增加，财政收入也随之增加；单位产品原材料消耗量减少，单位产品的成本也随之降低。

所谓负相关，是指当自变量（x）的数值由小变大、不断增加时，因变量（y）的数值却由大变小、不断减少，相关的两个变量之间变动的方向完全相反。如劳动生产率提高，单位产品成本随之降低；商品价格降低，则销售量随之上升等等。

（三）按变量之间相关关系的表现形式分

按变量之间相关关系的表现形式分，有直线相关和曲线相关。

如果自变量的数值变动一个单位量，因变量的数值随之发生大致均等的变动，从平面图形上看，这种相关关系近似地表现为一条直线形式，就称之为直线相关，又称线性相关。

如果自变量的数值变动一个单位量，因变量的数值随之发生变动，但变动的量大致不均等，从平面图形上看，这种相关关系近似地表现为各种不同的曲线形式，就称之为曲线相关，又称非线性相关。

（四）按变量之间相关的程度分

按变量之间相关的程度分，有完全相关、不相关和不完全相关。

完全相关是指变量之间具有完全确定性的关系，这是相关关系的特例，实际上就是函数关系。

不相关是指变量之间没有任何关系，且是各自独立、互不影响的。

不完全相关是介于完全相关与不相关之间，是相关分析所研究的重要对象。

现象之间最简单的相关关系是两变量的直线相关。

三、相关关系分析的内容

对现象之间变量关系的研究，统计是从两方面进行的。一方面，运用相关表、相关图及相关系数对变量之间相关关系的类型及密切程度进行测定，称为相关分析。另一方面，运用相应的函数关系式来描述各变量之间的变动关系，并根据这一函数关系式和给定的自变量 x 来估计因变量的值 y，这种统计分析方法称为回归分析。

（一）相关分析

1. 确定现象之间相关关系的类型

由于相关分析的研究对象是现象之间的相关关系，然而现象之间有无关系是个定性认识的问题。所以进行相关分析之前，首先要根据经济理论、专业知识和实践经验对被研究对象进行定性判断。当确认现象之间具有相关关系时，才能运用相关分析方法进行定量分析。为了验证定性判断是否正确，还要运用大量的实际资料，通过编制相关表、绘制相关图及计算相关系数对被研究现象是否真正存在相关关系，以及相关关系的形式做出进一步的判断。

2. 测定现象之间相关关系的密切程度

由于相关关系是一种不严格的数量关系，它们的关系有的不大密切，有的比较密切。所以相关分析的一个重要内容，就是要从现象之间不严格的数量关系中想办法来判断它们之间相关关系的密切程度，只有相关关系的密切程度达到一定的标准，对其进行研究才具有实际意义。判断相关关系密切程度的主要方法是计算相关系数或相关指数。相关图表能帮助我们做出一般性的判断，相关系数能从数量上明确说明直线相关关系的密切程度与方向，要确定曲线相关关系的密切程度则需要计算相关指数。

（二）回归分析

1. 建立相关变量之间的一般关系的数学表达式（即回归方程）

如果相关的程度高，就需要进行回归分析，即建立相关变量之间的一般关系的数学表达式。如果现象之间表现为直线相关，采用配合直线方程的方法；如果表现为曲线相关，就采用配合曲线方程的方法。所配合的方程称为回归方程式，它是进行判断、推算和预测的依据。

2. 对因变量估计值的可靠程度进行检验

根据回归方程，可以给出自变量的若干数值，求得因变量的相应的估计值。估计值与实际值之间存在误差的，确定因变量估计值误差大小的指标叫作回归误差。回归误差越小，则因变量估计值的可靠程度越高；反之，因变量估计值的可靠程度越低。

第二节　直线相关分析

直线相关分析是相关分析法中的最基本的方法，同时又是最简单的方法。在统计学中，对现象的数量之间是否存在直线相关关系、相关关系的密切程度如何，可以通过制作相关图表或计算相关系数来实现。

一、相关表

对两个现象变量作相关分析时，首先必须取得一系列的成对的统计资料。这是相关分析的原始数据。根据资料是否经过分组，相关表可以分为简单相关表与分组相关表。

（一）简单相关表

简单相关表是指将某一变量的变量值按从小到大的顺序并配合另一变量的变量值一一对应平行排列而形成的表格。例如，研究分析耕作深度和亩产量的关系。假定从调查资料中抽取30个试验数据，将耕作深度从小到大排列，相对应的亩产量平行列入，编成简单相关表（见表9-1）。

表9-1　　某乡某农作物耕作深度与亩产量资料

序号	耕作深度（厘米）	亩产量（千克）	序号	耕作深度（厘米）	亩产量（千克）	序号	耕作深度（厘米）	亩产量（千克）
1	8	360	11	12	498	21	14	610
2	8	380	12	12	560	22	14	620
3	8	470	13	12	580	23	14	650
4	8	500	14	12	588	24	14	670
5	10	402	15	12	590	25	14	690
6	10	450	16	12	590	26	16	650
7	10	490	17	12	600	27	16	670
8	10	550	18	12	630	28	16	700
9	10	600	19	14	580	29	16	710
10	12	480	20	14	598	30	18	734

从表9-1中可以发现，随着耕作深度的增加，亩产量也有增长趋势。尽管在同一耕作深度条件下，亩产量存在差异，但是仍然体现出耕作深度与亩产量之间存在一定的依存关

系。

（二）分组相关表

分组相关表是指将原始资料按某一变量的变量值进行统计分组，并计算相对应的变量值的平均数以后整理形成的表格。以表 9－1 为例，按耕作深度分组而成的分组相关表如表 9－2。

表 9－2　　某乡某农作物耕作深度与平均亩产量分组资料

耕作深度（厘米）	田块数（块）	平均亩产量（千克/亩）
8	4	427
10	5	498
12	9	568
14	7	631
16	4	683
18	1	734
合计	30	—

将分组相关表与简单相关表对比，不难发现分组相关表更能清晰地反映两变量之间相关关系的存在。从分组相关表中可以看出，耕作深度每增加 2 厘米，平均亩产量增加大致均等的量（即 60 千克左右），由此可以初步判断耕作深度与亩产量之间存在直线正相关关系。

在大多数情况下，通过相关表还不能清晰地表现两个变量之间相关关系的形式，为此还需要利用相关表的资料进一步绘制相关图。

二、相关图

相关图也称散点图。它是把相关表中两个变量的对应资料在平面直角坐标系中用点描绘出来。具体方法是，以直角坐标系中的横轴（x 轴）代表自变量，纵轴（y 轴）代表因变量。将相关表中的 x 与 y 的相对应数值在直角坐标系中标出坐标点，每个坐标点我们称之为相关点或散点，由所有相关点组成的图形就是相关图或称散点图。通过相关图中相关点的分布状况，就可以直观地、近似地看出两个现象之间的相关关系是什么形式以及它们的关系是否密切。现根据表 9－2 的资料可以绘制相关图如图 9－1。

从图 9－1 中 6 个相关点的位置可以看出大概情况是：耕作深度（x）值小，其对应的平均亩产量（y）值也小；耕作深度（x）值大，其对应的平均亩产量（y）值也大，近似地表现为直线上升趋势。由此可以初步判断耕作深度与亩产量之间存在直线正相关关系。

三、相关系数

相关图表可以帮助我们直观地看出所观察的两个现象的数量变动之间是否存在直线相关关系、相关的方向。但是，无法说明两个现象在数量上相关程度的高低。要从量上来测定相关的程度，只能借助于相关系数。

相关系数是研究和判断两个现象之间线性相关密切程度大小的一个统计分析指标。通常用 r 来表示。

相关系数的最简单的一种计算方法是积差法，它是用两个变量的协方差与其标准差的乘

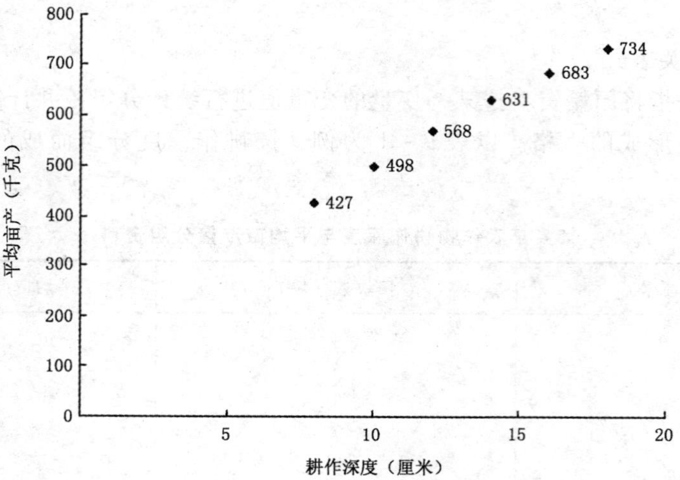

图9－1　某乡某农作物耕作深度与平均亩产量相关图

积之比来计算的。其计算公式如下：

$$r=\frac{\sigma_{xy}^2}{\sigma_x\sigma_y}$$

相关系数由三部分组成：

x变量的标准差：$\sigma_x=\sqrt{\frac{\sum(x-\bar{x})^2}{n}}$

y变量的标准差：$\sigma_y=\sqrt{\frac{\sum(y-\bar{y})^2}{n}}$

x、y两变量的协方差：$\sigma_{xy}^2=\frac{\sum(x-\bar{x})(y-\bar{y})}{n}$

$$\therefore\ r=\frac{\sigma_{xy}^2}{\sigma_x\sigma_y}=\frac{\sum(x-\bar{x})(y-\bar{y})}{\sqrt{\sum(x-\bar{x})^2\sum(y-\bar{y})^2}} \qquad (9-1)$$

从上式可以看到，相关系数的性质表现为：①取值范围是在－1和＋1之间，即 $-1\leqslant r\leqslant +1$；② $r>0$ 为正相关，$r<0$ 则为负相关；③r的绝对值越接近于1，表示相关关系越强，越接近于0，表示相关关系越弱；④ $|r|=1$，则表明两个变量完全相关，$r=0$，则表明两个变量不存在直线相关关系。

在实际分析时，我们通常采用以下标准，判别现象之间相关的密切程度（见表9－3）。

表9－3　　相关密切程度判别标准

相关系数的绝对值$\|r\|$	相关密切程度
$0<\|r\|<0.3$	微弱相关
$0.3\leqslant\|r\|<0.5$	低度相关
$0.5\leqslant\|r\|<0.8$	显著相关
$0.8\leqslant\|r\|<1$	高度相关

由于运用积差法公式，要计算两个数列的平均数，再求离差平方，是很复杂的，而且平

均数往往是除不尽的小数，容易影响计算数字的准确性。为了解决这个问题，可以将上述公式简化为不用平均数而直接运用原始资料的简捷法计算公式。

$$r=\frac{n\sum xy-\sum x\sum y}{\sqrt{n\sum x^2-(\sum x)^2}\sqrt{n\sum y^2-(\sum y)^2}} \quad (9-2)$$

运用这个简捷法公式计算相关系数，只需要计算自变量平方（x^2），因变量平方（y^2）和自变量与因变量的乘积（xy）等三项资料，整个计算过程就比较简捷而且准确了。现以表9-4的资料为例来计算和分析某工业局所属的10个企业的人均生产设备能力（千瓦）与劳动生产率（万元/人）之间的相关程度。

$$r=\frac{n\sum xy-\sum x\sum y}{\sqrt{n\sum x^2-(\sum x)^2}\sqrt{n\sum y^2-(\sum y)^2}}$$

$$=\frac{10\times85.37-57.3\times12.8}{\sqrt{10\times393.03-57.3^2}\ \sqrt{10\times18.8-12.8^2}}$$

$$=\frac{120.26}{\sqrt{647.01}\ \sqrt{24.16}}\approx0.961$$

表9-4　　简捷法相关系数计算表

企业	生产设备能力（千瓦）x	劳动生产率（万元/人）y	x^2	y^2	xy
1	1.8	0.5	3.24	0.25	0.90
2	2.3	0.8	5.29	0.64	1.84
3	3.4	0.9	11.56	0.81	3.06
4	4.5	0.9	20.25	0.81	4.05
5	5.9	1.2	34.81	1.44	7.08
6	6.0	1.5	36.00	2.25	9.00
7	7.6	1.4	57.76	1.96	10.64
8	7.8	1.6	60.84	2.56	12.48
9	8.2	1.8	67.24	3.24	14.76
10	9.8	2.2	96.04	4.84	21.56
合计	57.3	12.8	393.03	18.80	85.37

根据相关密切程度判断标准，由我们对上例中相关系数的计算结果 r=0.961 可知；人均生产设备能力（千瓦）与劳动生产率（万元/人）之间的存在高度直线正相关关系。

课堂练习与活动

若商品销售额和零售价的相关系数为-0.93，商品销售额与居民人均收入的相关系数为0.85，那么，(1) 前者是什么相关关系，后者是什么相关关系？(2) 前者与后者哪一个的相关程度高？

第三节 直线回归分析

一、回归分析的意义

我们在进行相关分析时，经过定性认识，又从相关表和相关图中看清了 x 与 y 两个变量之间确实存在直线相关关系，而且通过计算相关系数验证了两个变量之间的关系很密切。但是，还不能说明两个变量之间存在的数量比例。当给定出一个自变量的某一取值时，不可能根据相关系数来估计或预计出因变量可能发生的数值。例如，表 9－4 的计算结果，得出人均生产设备能力（千瓦）与劳动生产率（万元/人）之间存在高度直线正相关关系，也只能说人均生产设备能力的增加或减少一定会引起劳动生产率的提高或降低变化。但要问当人均生产设备能力达到 8.5 千瓦，相应的劳动生产率大约为多少时，相关系数就无能为力了。

（一）回归分析的含义和种类

回归分析就是对具有相关关系的两个变量之间数量变化的一般关系进行测定，确定一个与之相应的数学表达式（称为回归方程式），以便进行估计或预测的统计方法。

根据自变量的多少，回归分析分为简单回归分析和多元回归分析。简单回归分析是研究一个因变量与一个自变量之间的相关关系的回归分析；多元回归分析是研究一个因变量与多个自变量之间的相关关系的回归分析。根据相关关系的形式不同，又有线性回归分析与非线性回归分析之分。如果是研究一个因变量与一个自变量之间线性相关关系，就叫作简单线性回归分析；如果是研究一个因变量与多个自变量之间的线性相关关系，就叫作多元线性回归分析。本节主要介绍简单线性回归分析，它是回归分析的基础。

（二）回归分析的特点

简单直线回归分析具有以下特点：

（1）区分自变量和因变量。两个变量不是对等的，必须区分出自变量和因变量。如果是互为因果关系则根据研究的目的来确定因变量（y）与自变量（x）。

（2）求回归方程。在没有明显的因果关系的两个变量 x 与 y 之间可以求得两个回归方程——y依 x 的回归方程及 x 依 y 的回归方程。两个方程是互相独立的，不能互相替换。

（3）回归方程的作用。回归方程的主要作用在于给出自变量的数值来估计因变量的数值。一个回归方程只能做一种推算。

二、直线回归方程的建立与应用

从上例的相关系数的计算结果我们知道人均生产设备能力（千瓦）与劳动生产率（万元/人）之间存在着高度直线正相关关系。这时就可以利用数学模型中的直线方程来反映人均生产设备能力（千瓦）（x）与劳动生产率（万元/人）（y）之间的数量关系。

直线的一般方程为：$y = a + bx$，这个方程中的 y 值是 x 值的函数，是确定性关系，也就是说只要给定一个 x 值，y 值也就随之确定，但是前面已经讲过，具有相关关系的两个变量之间的数量关系是不严格的、非确定性的。要用上述直线方程来反映它们之间的数量关系，实际上就是用确定的函数关系来表达不确定的相关关系。所以方程中 x 值所对应的不是各个实际的 y 值，而是 y 的所有可能值的平均数，就是把一定范围内的其他因素的影响用计算平均数的方法消除以后，来反映 y 随 x 变动的规律性。为了区别，一般都用 y_c 来代替 y 的估计值（也称回归理论值）。这样方程式应改写为：

$$y_c = a + bx$$

式中，y_c 表示因变量的估计值；x 为自变量的实际值；a、b 为待定参数。

这个方程就称为 y 依 x 的直线回归方程，这时就把非确定性的相关关系转化为确定性的函数关系了。其几何意义是：a 是直线方程的截距，b 是斜率。其经济意义是：a 是当 x 为零时 y 的估计值，b 是当 x 每变动一个单位时，y 平均变动的数量，b 也叫回归系数，回归系数 b 的符号与相关系数 r 的符号一致并且意义相同。当 b 的符号为正时，自变量和因变量同方向变动；当 b 的符号为负时，自变量和因变量反方向变动。回归系数 b 与相关系数 r 的区别是：相关系数 r 的取值范围是确定的，即 −1 至 +1 之间，而回归系数 b 的取值并没有一个确定的范围，其大小是依据 y 的计量单位而确定。

配合回归直线的目的就是要求找到一条理想的直线，用直线上的点来代表所有的相关点。数理统计证明，用最小平方法配合的直线最理想，也最具有代表性。

最小平方法配合直线，就是要求实际值与回归值的离差平方和最小。其求 a、b 参数的方法同第六章中介绍的。

即：

$$\begin{cases} b = \dfrac{n\sum xy - \sum x\sum y}{n\sum x^2 - (\sum x)^2} \\ a = \bar{y} - b\bar{x} \end{cases} \qquad (9-3)$$

现我们仍用表 9−4 的资料来说明建立直线回归方程的步骤：

第一步，求解 a 和 b 两个参数。运用公式（9−3），计算如下：

$$b = \frac{n\sum xy - \sum x\sum y}{n\sum x^2 - (\sum x)^2}$$

$$= \frac{10 \times 85.37 - 57.3 \times 12.8}{10 \times 393.03 - 57.3^2} = \frac{120.26}{647.01} \approx 0.186$$

$$a = \bar{y} - b\bar{x} = \frac{12.8}{10} - 0.186 \times \frac{57.3}{10} \approx 0.214$$

第二步，将求出的 a、b 两个参数值代入直线回归方程，则得：

$$y_c = 0.214 + 0.186x$$

这个方程就是表明某工业局所属的 10 个企业的人均生产设备能力变动，影响劳动生产率变动的直线回归方程。

式中，a = 0.214 万元/人是劳动生产率的起点值，在相关图上表现为 y 轴上 0.214（万元/人）处的一个点；b = 0.186 万元/人，是回归系数，表示人均生产设备能力每增加 1 千瓦，劳动生产率的平均增加值。

第三步，依据直线回归方程给定一个自变量，求相应的因变量的估计值。如此例中当人

均生产设备能力 $x=3$（千瓦），则劳动生产率的估计值：

$$y_c=0.214+0.186\times3=0.772\text{（万元/人）}$$

回归分析的目的是要通过直线回归方程在所有的相关点中，配合一条直线来代表两个变量的一般关系值及其变动趋势。这条直线称为回归直线。意思是把分散的每对变量值的相关点，都回归到这条直线上来，所以回归直线是理论直线而不是实际直线。

三、回归标准误差

回归方程的一个重要作用在于根据自变量的已知值，推算因变量的估计值（理论值），这个估计值和真正的实际值可能一致，也可能不一致。因而，就产生估计值的代表性问题。当 y_c 值与 y 值基本一致，表明推断准确；而当 y_c 值与 y 值相差甚远时，表明推断不准确。显而易见，将一系列 y_c 与 y 加以比较，可以发现其中存在一系列离差（$y-y_c$），其中有的为正离差，有的为负离差。回归方程的代表性如何，一般是通过估计标准误差指标来加以检验的。那么，什么是估计标准误差呢？

估计标准误差是用来说明回归方程代表性大小的统计指标，其计算原理与标准差基本相同，计算公式如下：

$$S_y=\sqrt{\frac{\sum(y-y_c)^2}{n}} \tag{9-4}$$

利用上式计算估计标准误差，首先必须将所有已知自变量实际值代入回归方程中求出相应的 y_c 值，然后再计算出离差平方和，这样工作量很大。为此，把 $y_c=a+bx$ 代入上式，可得出简便公式如下：

$$S_y=\sqrt{\frac{\sum y^2-a\sum y-b\sum xy}{n}} \tag{9-5}$$

仍以表9-4的资料来说明回归标准误差的计算：

$$S_y=\sqrt{\frac{\sum y^2-a\sum y-b\sum xy}{n}}$$

$$=\sqrt{\frac{18.8-0.214\times12.8-0.186\times85.37}{10}}=\sqrt{\frac{0.18198}{10}}\approx0.135\text{（万元/人）}$$

计算结果表明，实际观察值与理论值的误差平均值为0.135万元/人。

在相关分析中，估计标准误差的作用主要表现在两个方面：一是可以说明以回归直线为中心的所有相关点的离散程度；二是可以说明回归直线的代表性大小。

课堂练习与活动

已知：$n=6$　$\sum x=21$　$\sum y=426$　$\sum x^2=79$　$\sum y^2=30268$　$\sum xy=1481$，要求：（1）计算相关系数；（2）建立直线回归方程；（3）计算估计标准误差。

本章知识架构

- 相关与回归分析法
  - 相关关系概述
    - 相关关系的含义
    - 相关关系的类型
      - 按相关因素分（单相关、复相关）
      - 按相关方向分（正相关、负相关）
      - 按相关形式分（直线相关、曲线相关）
      - 按相关程度分（完全相关、不完全相关、不相关）
    - 相关关系分析的内容（相关分析、回归分析）
  - 直线相关分析
    - 相关表（简单相关表、分组相关表）
    - 相关图
    - 相关系数（含义、计算、应用）
  - 直线回归分析
    - 回归分析的意义（含义、特点）
    - 直线回归方程的建立与应用（最小平方法建立直线方程、具体应用）
    - 回归标准误差（含义、计算、作用）

复习思考题

1. 相关关系与函数关系有何异同点？
2. 相关分析与回归分析有何区别？
3. 相关系数如何计算？其作用是什么？
4. 如何利用相关系数进行分析？
5. 直线回归方程 $y_c = a + bx$ 中，待定参数 a、b 是如何求得的？具有什么经济意义？

案例分析

2004 年 8～9 月，中国社会科学院社会学研究所派出两个调查组，到辽宁省下岗失业问题比较突出的抚顺、本溪、阜新、朝阳四市进行了为期一个月的调查，以访谈法和问卷调查法收集数据和资料，其中下岗职工的月工作时间、收入与家庭吃饭支出状况整理如表 9－5 所示：

表 9－5　　下岗职工的月工作时间、收入与家庭吃饭支出状况

调查地	上月工作的收入（元）	上月工作时间（小时）	下岗前月工作收入（元）	家庭月平均吃饭支出（元）
抚顺	252.42	43.10	379.32	603.94
本溪	197.97	25.69	304.22	570.02

续表

调查地	上月工作的收入（元）	上月工作时间（小时）	下岗前月工作收入（元）	家庭月平均吃饭支出（元）
朝阳	118.36	19.01	300.96	517.01
阜新	246.88	42.58	247.97	456.13

注："上月"指调查时点的上月。

根据以上资料，计算和分析下列问题：

(1) 家庭月平均吃饭支出与工作收入是否存在相关关系？如果存在相关关系，是与上月工作收入相关的程度高还是与下岗前月工作收入相关的程度高？

(2) 对相关程度高的两变量建立直线回归方程，并解释 a、b 两数值的含义。

(3) 资料中还包含有什么样的信息？

分析如下：

上述资料是中国社会科学院社会学研究所对辽宁省下岗失业问题比较突出的抚顺、本溪、阜新、朝阳四市进行的一次抽样调查。要分析第一个问题，家庭月平均吃饭支出与工作收入是否存在相关关系，可以先从编制相关表中观察两变量之间变动的方向和变动的量加以说明；如果存在相关关系，要对比家庭月平均吃饭支出是与上月工作收入相关的程度高还是与下岗前月工作收入相关的程度高？就必须计算相关系数进行定量分析。在此基础上对相关程度高的建立直线回归方程，解决第二个问题。针对第三个问题，利用已经学过的统计知识进行分析提取信息。具体分析如下：

(1) 编制相关表观察两变量之间变动的方向和变动的量（见表9-6、表9-7）。

表9-6　家庭月平均吃饭支出与上月工作收入相关表

调查地	上月工作的收入（元）	家庭月平均吃饭支出（元）	单位增量
朝阳	118.36	517.01	—
本溪	197.97	570.02	0.76
阜新	246.88	456.13	-2.33
抚顺	252.42	603.94	26.68

表9-7　家庭月平均吃饭支出与下岗前月工作收入相关表

调查地	下岗前月工作收入（元）	家庭月平均吃饭支出（元）	单位增量
阜新	247.97	456.13	—
朝阳	300.96	517.01	1.15
本溪	304.22	570.02	16.25
抚顺	379.32	603.94	0.45

从表9－6、表9－7中可以看出：4个城市随着上月工作的收入（元）增加，家庭月平均吃饭支出（元）有2个变量值呈上升趋势，1个是下降；随着下岗前月工作的收入（元）增加，家庭月平均吃饭支出（元）有两个变量值呈上升趋势。但从变量值变动的量来分析，还没有明显的特征。用经济常识可以判断存在相关关系。

对比表9－6与表9－7中两变量的相关程度的高低，需要计算相关系数（见表9－8、表9－9）。

表9－8　家庭月平均吃饭支出与上月工作收入相关系数计算表

调查地	上月工作的收入(元)x	家庭月平均吃饭支出(元)y	xy	x^2	y^2
朝阳	118.36	517.01	61193.3	14009.1	267299.3
本溪	197.97	570.02	112846.8	39192.1	324922.8
阜新	246.88	456.13	112609.4	60949.7	208054.6
抚顺	252.42	603.94	152446.5	63715.9	364743.5
合计	815.63	2147.1	439096.0	177866.8	1165020.2

家庭月平均吃饭支出与上月工作收入相关系数：

$$\gamma=\frac{n\sum xy-\sum x\sum y}{\sqrt{n\sum x^2-(\sum x)^2}\sqrt{n\sum y^2-(\sum y)^2}}$$

$$=\frac{4\times 439096-815.63\times 2147.1}{\sqrt{4\times 177866.8-815.63^2}\sqrt{4\times 1165020.2-2147.1^2}}$$

$$=\frac{5144.8}{\sqrt{46214.9}\sqrt{51254.4}}\approx 0.11$$

表9－9　家庭月平均吃饭支出与下岗前月工作收入相关系数计算表

调查地	下岗前月工作的收入(元)x	家庭月平均吃饭支出(元)y	xy	x^2	y^2
朝阳	300.96	517.01	155599.3	90576.9	267299.3
本溪	304.22	570.02	173411.4	92549.8	324922.8
阜新	247.97	456.13	113092.8	61489.1	208054.6
抚顺	379.32	603.94	229086.5	143883.6	364743.5
合计	1232.47	2147.1	671190.0	388499.4	1165020.2

家庭月平均吃饭支出与下岗前月工作收入相关系数：

$$\gamma=\frac{n\sum xy-\sum x\sum y}{\sqrt{n\sum x^2-(\sum x)^2}\sqrt{n\sum y^2-(\sum y)^2}}$$

$$=\frac{4\times 671190-1232.47\times 2147.1}{\sqrt{4\times 388499.4-1232.47^2}\sqrt{4\times 1165020.2-2147.1^2}}$$

$$=\frac{38523.7}{\sqrt{35015.3}\sqrt{50042.4}}\approx 0.92$$

通过计算相关系数可以看出，家庭月平均吃饭支出与上月工作收入相关系数为0.11，家庭月平均吃饭支出与下岗前月工作收入相关系数为0.92，所以，后者比前者的相关程度高，且家庭月平均吃饭支出与下岗前月工作收入呈现出高度直线正相关关系。

(2) 对家庭月平均吃饭支出与下岗前月工作收入建立直线回归方程：

$y_c = a + bx$

利用最小平方法求a和b两个参数

$$b = \frac{n\sum xy - \sum x \sum y}{n\sum x^2 - (\sum x)^2} = \frac{4 \times 671190 - 1232.47 \times 2147.1}{4 \times 388499.4 - 1232.47^2} \approx 1.1$$

$$a = \bar{y} - b\bar{x} = \frac{2147.1}{4} - 1.1 \times \frac{1232.47}{4} \approx 197.85$$

将求出的a、b两个参数值代入直线回归方程，则得：

$y_c = 197.85 + 1.1x$

从式中可以看出：a = 197.85表示当下岗前月工作收入为0时，家庭月平均吃饭支出为197.85元；b = 1.1表示下岗前月工作收入每增加1元，家庭月平均吃饭支出增加1.1元。由此可见，下岗职工家庭在吃饭上也是入不敷出，更谈不上子女教育、医疗保健、住房、取暖等问题了。

(3) 从资料中我们可以计算出上月平均每小时工作收入在5.8～7.7元之间，在这里姑且不评价其上月平均每小时工作收入的高低，单从工作时间来看，最多不超过5.4天，最少的才2.4天。可见，工作时间短、工作机会少是下岗职工收入低的主要原因。同时，家庭月平均吃饭支出与下岗前月工作收入相关程度高，而与上月的工作收入相关程度低，其原因在于人们在支出时，除考虑当月收入外，更多取决于过去的惯性支出以及对未来的预期收入的好坏，也就解释了阜新市上月工作收入排列第二，但家庭月平均吃饭支出却排在末位的原因。

第十章*

统计分析报告

统计分析是充分发挥统计职能的关键环节。

学习目标

统计分析是统计工作的最高级阶段，是提供统计研究成果、发挥统计职能的关键环节。通过本章内容的学习，要求在了解统计分析的概念、意义，熟悉统计分析的种类、基本程序的基础上，明确统计分析报告的特点及一般结构，初步掌握统计分析报告的写作技巧，全面提高分析问题、解决问题的能力。

前面有关章节已介绍了多种具体的统计分析方法，它们都是就某一方面阐述某种方法的应用。统计的根本任务在于认识事物的本质和规律性，然而事物的联系是错综复杂的，它们的发展往往受许多因素的制约，如果只运用一种方法或只从某一两个方面来看问题，就不能全面、深刻地认识事物。所以在社会经济统计实践中，经常需要将多种统计分析方法结合起来进行分析。

第一节 统计分析综述

一、统计分析的意义

统计分析就是根据统计研究的目的和要求，选用有关的统计分析方法和指标体系，以客观统计资料为依据，结合具体实际情况，运用定性分析与定量分析相结合的方法，对社会经济现象进行深入地解剖与分析，从中概括出事物的内在联系及其发展的规律性，并在此基础上得出结论，提出建议的一种统计认识活动。

统计分析是提供统计研究成果的重要阶段，也是充分发挥统计职能的关键环节，其意义表现在：

（一）可以不断深化统计认识

从统计认识的全过程看，我们通过统计设计、调查和初步整理所取得统计资料，可以对客观现象总体的数量特征取得一些认识，但这些认识一般是表层的。要想掌握事物的本质特征、内在联系和发展变化规律，必须要对这些资料进行由表及里、由此及彼地分析研究，才能使统计认识不断深化。

（二）可以充分发挥统计职能

统计分析把数据、情况、问题、建议等融为一体，既有定量分析，又有定性分析，能更集中、系统、清楚地反映客观实际，而且还便于阅读、理解和利用。所以，可以充分发挥统计的信息、咨询、监督职能。

（三）可以增进社会对统计工作的了解

统计分析可以综合表现和传播多种统计信息，因而它可以成为充分展示各种统计成果的重要窗口。通过这个窗口，既可以向各级党政领导和社会各界传递统计信息，也增进了他们对统计工作的了解，进而认识到统计工作的重要性。

二、统计分析的种类

统计分析的内容是十分广泛的，为了正确地理解统计分析，更好地开展统计分析工作，需要对统计分析按照一定的特征加以分类。

（一）综合分析和专题分析

从所分析问题的范围来看,统计分析可以分为综合分析和专题分析两种。综合分析是指把研究总体中各方面的指标和情况联系起来作为一个整体进行分析,以便做出全面的评价,掌握其总体的发展规律。例如,一个国家或一个地区的综合平衡分析、微观领域各种主要指标（如工业企业的主要指标）的综合平衡与相互联系分析等等。专题分析是指对某一专门问题的分析研究。如市场价格分析等等。

（二）宏观分析和微观分析

从所分析问题的层面来看，统计分析可分为宏观分析和微观分析。宏观分析即指分析对象为宏观领域，微观分析即指分析对象为微观领域。虽然有些统计分析中既有宏观分析也有微观分析，但按其侧重面加以区别还是比较容易的。

（三）静态分析和动态分析

从所分析问题的时间上来看，统计分析可以分为静态分析和动态分析两种。静态分析侧重于事物某一时点（或时期）的分析，而动态分析则侧重于事物不同时期发展变化的分析。不过，在一般的统计分析中，静态分析和动态分析经常是结合在一起进行的。

（四）状态分析、规律分析和前景分析

从所分析问题的意义上来看，可以分为状态分析、规律分析和前景分析三种。状态分析是指分析客观现象在一定时间、地点条件下的规模、水平、速度及各种关系。规律分析是指分析事物之间客观存在的必然的平衡关系，以及在较长一段时间内事物发展变化的模式。前景分析是指分析客观现象未来的状态。三者之间是相互联系的，体现了认识上三个由浅入深的变化。状态分析是最基本的，在此基础上才能揭示现象的规律，也只有循着所揭示的规律，才有可能推测其未来的前景。

课堂练习与活动

1. 综合分析就是要运用所有的统计分析方法综合起来进行分析？这种说法对吗？
2. 对某市 2011 年居民的消费水平进行分析，属于哪一类统计分析？

三、统计分析的基本程序

统计分析的形式多种多样，但其基本程序主要有以下几步：

（一）明确分析目的，选定分析题目

进行统计分析，首先要明确分析的目的是什么，因为统计分析工作是围绕分析目的进行的，只有目的明确了，才能有效地进行统计分析工作。

统计分析的目的集中体现在研究课题上，所以选定分析题目，即选题就显得尤为重要。所谓选题，并不是指为统计分析报告拟定一个标题，而是指从客观存在的现实和大量的统计资料中选择出所要研究和反映的问题，确定研究的范围，规划主题思想和基本内容。

选题是统计分析的第一步，对统计分析具有十分重要的意义。选题恰当可以为以后取材、构思、表达等打下一个良好的基础，可以提高统计分析的价值。选题时应遵循实事求是原则、价值原则和可行性原则。也就是说选题应从实际出发，根据党和政府在各时期的方针、政策和工作重心的要求，根据本地区、部门、单位在社会经济中出现的新经验、新问题以及国家或本地区、本单位的实际需要等来确定分析题目，同时要处理好需要与可能的关系，所选择的题目应当是在现有的社会、经济技术条件下能够完成的。

（二）根据选题，拟定分析提纲

分析题目选定后，接下来就是拟定分析提纲。分析提纲的内容一般包括分析的对象、内容；分析的目标、要求；分析的思路及分析指标体系；分析所需要的资料及其来源。分析提纲拟定后，还可以根据分析中出现的新情况、新问题随时进行补充、修改。

（三）根据分析提纲，搜集整理有关数据资料

进行统计分析，必须占有大量的、真实可靠的统计数据资料。因此，在确定了分析题目和分析提纲后，就要按照分析的要求，及时、全面地搜集和整理有关统计资料。

统计分析所需的资料可以来源于定期的统计报表资料和统计历史资料；可以根据研究问题的需要，专门搜集整理有关业务部门资料、财务报表资料和业务核算资料；对于某些必须而又短缺不全的资料还可以采用科学的方法进行必要的估算加以补充；如果是为了专门研究某些新情况和新问题，还应当深入实际进行专门调查，搜集必要的资料等等。由于资料来源渠道不同，使得其在总体范围、指标口径、计算方法等方面会出现差异。这就要求在进行统计分析前，有必要对所获得的资料进行认真审查，以鉴别其准确性和代表性，从而保证统计综合分析得出的结论准确无误。

（四）选用科学的统计分析方法进行系统地分析

在占有了丰富的统计资料以后，对其进行系统而深入的分析，也就是结合具体情况对各种统计分析数据进行判断和推理，从中发现问题，并找出原因，做出系统的、合乎逻辑的、有鲜明政策观点的概括和总结，同时对出现的问题提出解决的办法或建议。这是统计分析工作的关键步骤。要把资料所体现的社会经济现象之间内在联系和变动规律正确地反映出来，主要取决于能否选用适当的统计分析方法。前面我们介绍了综合指标分析、动态数列分析、指数分析、抽样分析、相关关系分析等多种统计分析方法，并不是在每一个分析中都要一个不漏的全部用到，但可以根据不同的分析题目和掌握的具体统计资料选用相应的统计分析方法结合运用，以便于从纵横各个方面进行全面的分析，并在分析的基础上进行综合思考，提出解决问题的建议。

（五）根据分析结果，撰写统计分析报告

统计分析结果的主要表现形式是统计分析报告，撰写统计分析报告是统计分析的最后程序，也是关系到统计分析能否最终出成果的一个重要步骤。这一步，也就是在对统计资料和有关情况进行研究的基础上，用简洁明确的文字对研究过程进行叙述，写成一篇既有鲜明观点又有充分数据的书面文章。如果不善于对统计分析资料进行判断和推理，并加以概括和总结，写成统计分析报告，那么势必前功尽弃，达不到统计分析的目的，也就不可能发挥统计的作用。

课堂练习与活动

选题就是为我们所要撰写的统计分析报告拟定一个标题，对吗？为什么？

第二节　统计分析报告

统计分析报告就是指运用丰富的统计资料和科学的统计分析方法，以独特的表达方式和结构特点表现所研究事物本质和规律性的一种应用文。要掌握统计分析报告的编写方法并不是一件容易的事。因为社会经济现象的数量关系是非常复杂的，只是用几个简单的分析指标很难表达清楚，它需要涉及到多方面有关知识，如政治经济学、逻辑学以及写作知识，同时，还要熟悉党的方针政策等等。

编写好统计分析报告,并没有统一的模式,但一般应注意以下几个基本问题。

一、统计分析报告的结构

统计分析报告的结构一般可以分为以下三个部分：

（一）基本情况概述

在统计分析报告中，应根据有关统计数字，介绍被研究总体的基本情况及特点。

（二）分析主要成绩（问题）及原因

在统计分析报告中，要通过具体的统计数字将事物发展中所取得的成绩及存在的问题准确如实地反映出来，并分析其原因，以便总结经验、解决矛盾、从而改进工作。

（三）建议与措施

在统计分析报告的结束部分，一般应针对存在的问题提出建议或措施，作为领导制定政策、指导工作的参考。

二、统计分析报告的特点

（一）以统计数据为主要语言

统计分析报告是以统计数据为主要语言，并辅之以统计表和统计图，来清晰准确地反映事物之间的各种复杂的联系，以丰富而确凿的数据加上简洁的文字来说明具体时间、地点、条件下社会经济领域的成就和经验、问题与教训、各种矛盾及其解决方法，切忌空洞的理论阐述。

一篇好的统计分析报告所使用的统计数据不是个别的、简单的、杂乱无章的，而应是准确的、系统的并且相互联系的统计数据。如果统计资料的质量没有保证，势必会使统计分析偏离科学的轨迹，也会使统计分析报告建立在谬误的基础之上。

（二）具有独特的表达方式和结构特点

统计分析报告是一种说明文，它的基本表达方式是以事实来叙述，让数字来说话，在展开中来议论，在议论中分析。因此，在表述时不宜使用那些夸张、华丽、虚构、想像等文学手法。它要求用最少的文字来表达其丰富的内涵，做到言简意赅、精练准确。统计分析报告这种独特的表达方式与其他文体有着明显的区别。

统计分析报告从结构上看，其特点突出表现为脉络清晰，层次分明。一般是先摆数据、事实，在进行各种科学分析的基础上，针对问题，亮出观点，最后提出建议、办法和措施。

（三）具有强烈的时效性

为保证统计信息的使用价值，要求统计分析报告提供的信息不仅要准确，而且要适时、快速。因为，只有随着事物的发展而及时出现的统计分析报告才能为解决现实问题提供依据，真正成为领导决策的参谋，也才具有价值。所以，要求统计人员必须要有强烈的时间观念，善于捕捉时机，及时提供有价值的统计分析报告，以最大限度地发挥出统计的作用。

三、统计分析报告的撰写要求

（一）标题要确切、简明、新颖

标题也称为题目，是一篇文章的篇名。它可以反映文章的基本思想，是文章中心内容的集中体现。一篇统计分析报告有了好的标题，可以对读者产生强烈的吸引力，使统计报告增色，相反，也会因标题定的较差而逊色。确定标题时要求确切、简明、新颖。确切，就是要求标题确切反映统计分析报告的内容，题文相符。简明，即标题要简明扼要，用简练的文字高度概括全文内容。新颖，即标题要有新意、有特色，以吸引读者，使读者产生读下去的欲望。

（二）导语要短、精、新

导语就是统计分析报告的开头，文章开头的好坏，直接影响着文章的成败。导语一般要做到短、精、新。要能抓住读者心理，引起读者的注意和兴趣，使读者急于读下去和乐于读下去。要为全文的展开理清脉络，牵出头绪，做好铺垫。

导语的形式多种多样，比较典型的形式有开门见山、造成悬念、交代动机等。“开门见山”的特点是紧紧围绕文章的基本观点，简明扼要，直叙入题。这种开头方法是统计分析报告最常见的一种。“造成悬念”是在分析问题或阐述观点以前，先有意地提出一个问题，以引起读者的注意与思考。“交代动机”的开头方法，主要是起因线索完整，时间、地点俱在，分析动机清楚。

（三）正文要结构紧凑、层次分明、条理清晰

正文是统计分析报告的主体。正文部分要做到结构紧凑、层次分明、条理清晰。结构是指文章的内部构造，是对文章内容进行安排的形式。好的结构会使文章中心鲜明突出，内容层次清楚，材料衔接自然，思路贯通清晰，前后起伏照应，使文章集中统一，协调完整，从而增强论事说理的逻辑性与表现力。

（四）结尾要自然、简短、有力

结尾是统计分析报告的结束语。好的结尾能使读者明确题意、加深认识。对结尾的要求是自然、简短、有力。撰写统计分析报告结尾并没有规定模式，主要形式有：

（1）提出建议式。即用简练的语言把若干条建议概括在结尾段，统计分析报告以建议结束全篇的居多。

（2）总括全文式。即统计分析报告通过对客观现象进行分析、论证后，在结束全文时予以归纳总结，加强基本观点，突出中心思想。

（3）首尾呼应式。即统计分析报告在导语中提出问题，通过分析归纳，在结尾时给予回答。

（4）篇末点题式。即统计分析报告在开头不亮出基本观点，经过一系列分析、论证，最后才在文章的结尾处点明题意，使读者有“豁然开朗”的感觉。有的统计分析报告还以提问的形式结尾，以引起人们进一步的思考；有的还以饱满的热情展望未来。不论哪种结尾形式，都不宜过长，应简短、有力。

总之，撰写统计分析报告时，必须紧扣主题，从分析现象总体的基本数量关系入手，结合有关情况和事实，进行科学的归纳、总结、推断和论证，做到有材料、有事例、有观点、有建议，中心突出，简明扼要；并注意逻辑层次清楚，观点和材料之间的统一。

当然要想写出一篇高质量的统计分析报告，除了掌握编写的基本要求外，还应当做到以下几点：

（1）掌握系统的统计理论和统计技能，有一定的政治经济理论水平和分析能力。

（2）了解党和国家在各时期的方针、政策，密切关注政治经济形势的发展变化，深入实际，捕捉最新信息，及时反映经济生活中的新情况、新问题。

（3）有一定的写作能力，这样才能将丰富的统计资料加以组织提炼，写出合乎要求的、质量较高的统计分析报告。

本章知识架构

- 统计分析综论
  - 统计分析概述
    - 统计分析的意义
    - 统计分析的种类
      - 分析范围（综合分析、专题分析）
      - 分析层面（宏观分析、微观分析）
      - 分析时间（静态分析、动态分析）
      - 分析意义（状态分析、规律分析、前景分析）
    - 统计分析的基本程序
      - 明确分析目的，选定分析题目
      - 根据选题，拟定分析提纲
      - 根据分析提纲，搜集整理有关数据资料
      - 选用科学的统计分析方法进行系统地分析
      - 根据分析结果，撰写统计分析报告
  - 统计分析报告
    - 统计分析报告的结构
      - 基本情况概述
      - 分析主要成绩、问题及原因
      - 建议与措施
    - 统计分析报告的特点
      - 以统计数据为语言
      - 具有独特的表达方式和结构特点
      - 具有强烈的时效性
    - 统计分析报告撰写要求
      - 标题要确切、简明、新颖导语要短、精、新
      - 正文要结构紧凑、层次分明、条理清晰
      - 结尾要自然、简短，有力

复习思考题

1. 什么是统计分析？
2. 统计分析有何意义？
3. 什么是统计分析报告？
4. 统计分析报告有哪些特点？

案例分析

××××年上半年××市经济运行综述

今年上半年，市委、市政府针对个别行业开局不利、全市经济起步较低的局面，迅速采取措施，大力开拓市场，加快调整结构步伐，使经济运行逐步活跃。全市经济增长速度上半年虽然比上年同期有所回落，但仍在预期目标以上，其他主要经济指标执行情况正常，全市经济总体上继续保持平稳发展的态势。

一、经济运行的基本情况和特点

（一）供给方面

全市在上半年实现国内生产总值1346.8亿元，按可比价格计算，比上年同期增长9.1%。

1. 农业生产稳步发展。第一产业实现增加值37.6亿元，同比增长4.6%。农业结构调整力度不断加大，上半年，农林牧渔业产值91.2亿元，同比增长11.4%，增幅同比提高2.8个百分点。其中，种植业产值38.6亿元，同比增长11.6%；养殖业产值52.6亿元，增长11.2%。全市夏粮总产24.3万吨，比上年减少33.5%，播种面积减少是夏粮减产的主要原因。主要农副产品中除鲜蛋外多数产品保持较快增长。

2. 工业生产逐步回升。今年我市工业起步较低，增速逐月回升，但步伐较为缓慢。上半年，全市规模以上工业实现增加值389.1亿元，按可比价格计算，同比增长4.1%，增速同比下降15.6个百分点。

从经济类型看，股份制及股份合作企业较为活跃，上半年实现增加值同比增长19.5%和29.6%；但国有及国有控股企业实现增加值下降1.2%；外商及港澳台企业下降0.3%。

从工业品内外市场看，产销衔接良好。上半年产销率为97.81%，同比提高1.16个百分点；工业出口交货情况有所好转。上半年，全市工业完成出口交货值134.7亿元，基本与去年持平，6月份增长17.4%。

高新技术产业仍未扭转下降趋势。上半年高新技术产业实现工业增加值114.2亿元，同比下降7.8%。

工业经济效益不理想。1～5月，全市工业实现利润37亿元，同比下降10.2%。其中，亏损企业亏损额29.5亿元，同比增长30.4%。

3. 第三产业对经济增长的贡献率提高。第三产业实现增加值817.9亿元，同比增长11.7%，增幅同比提高3.7个百分点，占GDP的比重为60.7%，对全市经济增长的贡献率达到73.6%，比上年同期提高31.2个百分点。运输邮电业、商业、金融保险业、房地产业实现增加值分别增长6.6%、3.9%、9.1%和9.4%；其他服务业增长18.4%，比第三产业平均增速高6.7个百分点，是第三产业增速提高的主要原因。

（二）需求方面

1. 固定资产投资保持快速增长。上半年，全市完成全社会固定资产投资614.5亿元，同比增长23.4%。其中地方完成544.5亿元，增长31.4%。

房地产开发仍是全市投资增长的强力拉动因素。上半年全市完成房地产开发投资338.9亿元，同比增长36.2%，比全社会投资增速高12.8个百分点。房地产投资占全社会投资的比重达55.2%，对全社会投资增长的贡献率为77.3%。

投资结构发生积极变化。一是民间投资快速增长。上半年民间投资（不含外商及港澳台投资）完成267.2亿元，同比增长36.2%，占全社会投资比重达到43.5%，比上年提高4.1个百分点。二是第三产业投资力度加大。上半年，全市固定资产投资中第三产业（不含房地产开发）达195.8亿元，增长20.5%。三次产业投资格局由上年同期的0.4：21.3：78.3调整为0.4：14.7：84.9。三是重大工程建设进展顺利。上半年，60项重大工程项目完成投资234.3亿元，占全社会投资的38.1%。四是基础设施投资保持较快增势。上半年全市完成基础设施投资149.4亿元，增长22%。

2. 消费品市场平稳运行。上半年，全市实现社会消费品零售额823.5亿元，同比增长5.3%，扣除价格因素，实际增长7.1%，增幅低于去年同期4.2个百分点。分城乡看，城镇消费品零售额695.5亿元，增长4.6%，同比回落5.2个百分点；农村消费品零售额128亿元，增长9.3%，同比回落5.5个百分点。

消费市场的热点主要集中于汽车和餐饮两个领域。上半年，全市销售汽车13.3万辆，同比增长19.2%，其中，新车销售9.9万辆，同比增长30%。餐饮业增势强劲。上半年，全市餐饮业实现零售额51.2亿元，同比增长11.7%，增幅高于全市零售额增幅6.4个百分点。

3. 出口保持增长。据海关统计，上半年，全市地方企业进出口总值为59.6亿美元，同比下降8.5%。其中，出口总值24.3亿美元，比上年同期增长4.6%。

利用外资规模不断扩大。上半年，全市新批三资企业580家，同比增长9.2%；合同外资金额20.7亿美元，增长30.4%，其中外商直接投资10.9亿美元，同比下降23.6%。全市实际利用外资28.5亿美元，增长1.8倍。其中，外商直接投资9.2亿美元，增长6%。

海外旅游市场稳步发展。上半年，全市共接待海外游客138万人次，同比增长6%，增幅提高0.7个百分点。其中，外国人117万人次，同比增长8.1%，增幅提高4.8个百分点。

（三）三大经济杠杆

1. 财政收入较快增长。上半年，全市地方财政收入272.3亿元，同比增长25.1%，为年度预算的52.2%。地方财政收入的主要来源增值税、营业税、企业所得税和个人所得税收入同比分别增长19.6%、23.6%、5.7%和20.1%。全市地方财政收入累计增速各月保持在20%以上，为实施国家积极财政政策、加强政府调控奠定了良好基础。

2. 物价指数低位运行。上半年，全市居民消费价格指数97.6%，同比回落7.6个百分点，连续8个月负增长，为改革开放以来最低。工业品出厂价格指数94.4%，同比下降6.1个百分点，连续13个月负增长。原材料、燃料及动力购进价格指数96.8%，同比下降4.6个百分点，连续11个月负增长。表明经济运行中通货紧缩的压力依然较大。

3. 信贷总量平稳增长。企业存款增量减少，居民存款增势强劲。6月末，全市金融机构各项人民币存款余额13143.1亿元，比年初增加911.8亿元，增量同比下降29.1%。主要是企业存款增量下降66.4%所致。储蓄增长强劲，储蓄存款余额3957.9亿元，比年初增加421.6亿元，同比增长82.6%。

调整信贷结构，支持经济发展。6月末，全市金融机构各项人民币贷款余额

8075.6亿元，增量同比增长4.2%。其中短期贷款呈恢复性增长，同比增长7.1倍；中长期贷款增量下降14.3%；票据融资增长37.7%，个人消费贷款下降8.4%。

二、经济运行中的主要问题

（一）关于工业增长态势

今年年初，由于工业生产出现波动，导致全市经济增长速度回落，经过最近几个月的努力，工业经济出现了一些积极变化，增长速度有所回升，但总的来看，回升步伐较为缓慢，增速明显低于预期目标。上半年，全市规模以上工业增速仅为4.1%，增幅同比下降15.6个百分点。1~5月，全市规模以上工业增速（2.7%）比全国平均增速低8.9个百分点。

联系全国工业生产形势进行分析，当前我市工业的问题主要出在结构上，集中表现为工业增长点单一、增长基础不稳。近年来，全市工业增长主要靠电子通信设备制造业支撑，电子通信设备制造业对工业增长的贡献率高达60%以上。在电子通信设备制造业内部，主体又是6个重点企业，比重接近60%，产品都是IT产品。这样就形成了一个行业、少数企业、少数产品左右全市工业增长的局面。今年以来，由于电子通信设备制造业增速大幅下滑，从而导致全市工业出现波动。

我市电子通信设备制造业下滑，主要涉及国内外两个市场及行业运营本身的问题。首先是国际市场萎缩、外需下降。外销一直是我市电子通信设备制造业快速增长的主要动力。2002年，全市电子通信设备制造业销售产值增长42.1%，其中出口增长1.7倍，对该行业增长的贡献率达40%。但去年下半年以来，出口市场出现萎缩迹象。今年上半年，全市电子通信设备制造业出口下降19%。其次是国内市场竞争加剧，我市电子通信设备制造业领先发展优势逐步减小。与国外市场不同，国内的电子通信市场仍在快速扩张，1~5月，全国电子计算机、微机、半导体集成电路、移动电话机、彩色电视机等电子产品产量同比分别增长18%~57.6%。电子通信设备制造业增长继续加快，但随着企业进入数量持续增加，行业竞争明显加剧，在这种环境下，我市电子通信设备制造企业呈增速放缓、产品的市场占有率逐步下降的趋势。

需要指出，当前工业发展中的这些问题不是一时能解决的，因此，尽管有关部门已经积极采取措施，但要使工业生产情况转入正常，以至完全恢复，还要经过较长时间的努力。

（二）关于消费市场

近几年，消费需求对经济增长的拉动作用稳步提高，全市经济增长动力逐步加大。特别是在去年出口需求大幅下降的情况下，消费的稳定增长有效地弥补了外需的不足，对全市经济持续快速增长发挥了至关重要的作用。但是，今年以来，反映消费需求的重要指标——社会消费品零售额增速下滑幅度较大，上半年，全市社会消费品零售额增长5.3%，增幅同比下降5.2个百分点。

如何看待社会消费品增速下降，如何判断当前消费需求状况？综合相关数据进行分析我们认为，上半年，社会消费品零售额增速下降的主要原因：一是价格指数回落幅度较大，使按当期价格计算的社会消费品零售额大幅缩水。从历史数据来看，每次价格指数的起伏均会导致消费品零售增幅的波动。今年上半年，全市居民消费价格指数97.6%，比上年同期下降7.6个百分点。其中，食品类、衣着类、家庭设备用品类价格指数同比分别下降6.6个、5.3个和1个百分点，直接影响了消费品零售额的增长速度回落。尤其是部分工业消费品大幅降价对零售额影响十分突出，如彩电价格下降14.4%，电脑价格下降14%，汽车价格下降8.6%，移动电话价格下降32.5%。若扣除物价因素，社会消费品零售额实际增幅仍在正常范围之内。二是消费结构的变化。近年来，随着消费结构的逐步转型，社会消费品零售额指标已不能全面代表居民的整体消费，非商品消费、服务消费是消费需求扩大的主要领域。城镇住户调查显示，上半年，我市城镇居民消费支出继续保持快速增长，增幅达到15.3%，其中，居民非商品性消费支出增长30.6%，占居民消费支出的比重约40%。这是判断消费需求变化的重要依据。三是抑制消费需求扩张的诸多因素尚未从根本上得到解决。主要反映在降息作用微弱，居民储蓄倾向持续增强。今年上半年，居民新增储蓄在去年同期增长2.2倍的基础上继续大幅增长，增幅高达82.6%。如何使居民积累的储蓄转变为现实消费，是实现消费结构转换和升级的关键，继续培育和扩大消费需求仍是重要任务。

（三）关于通货紧缩

在扩大需求政策的刺激下，全国性的通货紧缩趋势曾一度得到抑制，但去年下半年出现反弹，今年以来我市价格水平继续呈低位下行态势，生产和消费领域价格指数全面走低。上半年居民消费价格指数为97.6%，同比下降7.6个百分点，已连续8个月呈现负增长；工业品出厂价格指数为94.4%，同比下降6.1个百分点，连续13个月负增长；原材料、燃料及动力购进价格指数为96.8%，同比下降4.6个百分点，连续11个月负增长。价格持续下降的原因，一是内需不足的矛盾依然存在，国内市场供大于求的格局尚未改观。据国家经贸委对2004年上半年主要商品供求情况调查，600种主要商品中，供过于求的商品占86.3%，供求基本平衡的商品占13.7%，没有供不应求的商品；二是加入WTO后，关税的下调、部分商品的进口限制取消以及国内外商品价差的存在、市场竞争的加剧等，进一步加大了国内市场价格下行的压力。目前，全国的总体价格形势与我市情况大体一致。1～5月，全国居民消费价格指数99.2%，同比下降1.9个百分点，除9个省市与上年同期基本持平外，其他地区价格水平均有所下降。这种大范围、长时间的价格下降，意味着通货紧缩的现象又有所抬头。

价格下降对我市经济发展的负面影响已经有所显现。在工业领域，由于产品价格下降，使企业产值缩水，生产增速下降、利润减少。1～5月，全市规模以上工业生产增长2.7%，独立核算工业企业产品销售收入仅增长1.4%，营业利润则下降24.6%。在流通领域，商家价格竞争激烈，进而抑制经济的活跃程度，影响全市经济的顺畅循环。这种状况必须加以遏制。

（四）关于就业形势问题

据劳动部门统计，截至6月末，全市共有城镇登记失业人员6.7万人，登记失业率为1.5%。与上年同期相比，失业人员增长66.7%，登记失业率提高0.6个百分点。

根据国家统计局的要求，今年5月，我局按照国际通行方法对城八区常住人口的就业状况进行了抽样调查，结果显示，城镇居民调查失业率为4.32%，与上年相比，上升0.72个百分点。

下岗职工再就业难度加大。由于下岗职工中大龄人员较多，部分企业处于破产、搬迁准备期，上半年，全市下岗职工再就业率为46.5%，比上年同期下降3.6个百分点。

从全市经济发展的客观现实看，就业工作面临的主要问题和挑战是：劳动力供给持续增加、产业结构调整力度加大，经济增长中日益呈现技术、资本替代劳动的趋势，经济增长就业弹性降低，工资刚性特征显著，城镇化进程加快，农业劳动力向非农产业转移等，全市就业形势将继续在较长时间保持紧张局面。

三、对策建议与展望

上半年的经济运行情况进一步表明，结构性、体制性问题及通货紧缩仍是当前制约我市经济发展的主要矛盾。为此，下一阶段，应把扩大内需方针和调整经济结构、加快体制改革等具有长远性和战略性的问题结合起来，从而在根本上保证全市经济的持续快速增长，为率先基本实现现代化奠定基础。

（一）把经济结构调整作为加快发展的主要手段

从1998年开始实施的积极财政政策对全国经济增长发挥了重要作用。目前，随着社会总需求的恢复和国民经济各行业的活跃，积极财政政策的目标已基本实现。另外，积极财政政策在连续实施多年后，也面临着政策效应递减、财政风险积聚等问题。各种迹象表明，国家的宏观调控工作面临新的选择。从我市看，过去几年，较好地把握和利用了国家实行积极财政政策所带来的一些机遇，实现了经济的快速发展。未来几年，加快经济发展仍然是全市经济工作的主题，解决就业问题、提高人民生活都要求我市经济保持一个较快的增长速度。因此，目前，全市经济工作面临的主要任务是发掘新的增长动力，使全市经济从投资引导逐步转为自主增长。实现这一转变必须依靠结构调整。比如投资结构上要逐步加大企业设备和技术改造的比例；在产业结构上抓住国际制造业转移契机，把振兴现代制造业放在突出位置，尽快形成新的增长点；加速第三产业内传统行业的资源整合，大力发展现代物流业。在需求结构上通过进一步完善消费政策、改善消费环境，实现消费和投资的协调增长。

（二）把加快体制改革作为促进经济增长的重要源泉

在所有制方面，结合产业结构调整的需要，适当收缩国有资产布局，使其向优势领域集中，放手发展个体私营经济，开放融资渠道、取消投资限制，鼓励各种所有制互相参股、持股、兼并，形成相互兼容、共同发展、充满活力的生动局面。在国企改革方面，关键是改进国有企业治理结构，提高其内部管理水平，推进国有企业建立现代企业制度。在投融资方面，商业银行要将防范金融风险和支持经济发展有机结合起来，为中小企业发展创造良好的金融环境。同时更要加快建立中小企业信用评级和担保制度，加快风险投资、创业投资基金建设，加大对高新技术企业的支持力度。在社会保障体系方面，要按照社会统筹和个人账户相结合的框架，积极落实各项社保改革措施。

（三）把抑制通货紧缩和应对WTO的挑战作为当前重要工作

价格水平持续下降、通货紧缩趋势抬头的原因虽然是多方面的，但当前尤其要重视加入WTO后国际市场对国内市场的冲击问题。目前，国内价格下降幅度较大的领域如农产品、纺织品、钢铁等都与国际市场有关，其他一些工业品也面临着价格下降的压力。可以说，WTO的冲击已经开始显现，抑制通货紧缩和应对WTO挑战两大任务紧密相连。为此，必须加快部分行业和企业的重组、兼并和改革步伐，实行强强联合，壮大自身实力，增强产品竞争力。

（四）下半年走势展望

从产业发展角度分析，下半年，全市经济将继续保持平稳发展的态势。首先，农业生产形势一直较好，结构调整稳步推进，经济效益不断提高，增长速度比较稳定。其次，工业生产基本转稳，工业运行中新增了一些积极活跃的因素，继续采取有力措施，增速有望进一步回升。同时，建筑业在投资的拉动下，能够保持较快增长。最后，第三产业特别是社会服务业在消费结构升级、服务消费持续快速增长的推动下，发展前景良好，对经济增长的贡献率将稳步提高，是支撑全市经济增长的重要力量。综合以上考虑，下半年，如果抓住经济工作中的薄弱环节，努力采取措施，全年经济增长实现9%的计划目标是完全有可能的。

问题：试对以上统计分析报告进行评析，说明其特点。

分析如下：

对这份报告进行分析，不难发现其具有以下几个突出特点：

1. 选题准确，紧跟形势。发展社会主义市场经济，调整经济运行机制是当前各级领导最关注的重大问题。这篇报告以“××××年上半年××市经济运行综述”为标题，可以使各级领导和有关部门一目了然地了解到该市贯彻落实党的方针、政策所取得的成果和存在的问题，对总结工作、进行决策能够起到积极的作用。可见，这个选题是紧跟形势发展要求的。

2. 结构严谨，层次清晰。该报告导语部分以简洁的文字，概述了该市上半年发展经济的措施和成果，概括了全文的基本内容，然后分三层分别说明该市经济运行的基本情况及特点；经济运行中出现的问题；解决问题的建议及对未来的展望。第一部分通过大量的数据来说明该市经济运行的基本情况；第二部分对经济运行中出现的问题进行深刻的剖析，找出问题的原因；第三部分针对出现的问题提出对策。这种写法不仅层次清晰，而且每一部分的说明都比较充分，给人留下深刻的印象。

3. 数据充分，文字简洁。该报告运用了大量的统计数据，但又不是枯燥的数字罗列，而是将数字和具体问题结合起来进行分析说明，切实做到观点与材料的统一，以观点统帅材料，用材料说明问题。整个报告文字简洁，内容充实，有理有据，使人感到具体、明确，很有说服力，在宏观管理和决策中起着很大的指导作用。

4. 结尾自然，饱满有力。该报告在结尾段对下半年的经济发展形势进行了分析，提出下半年只要抓住经济工作中的薄弱环节，采取有力措施，全年经济增长实现9%的计划目标是完全有可能的。该段以饱满的热情，有力的语言完成全篇分析报告。

附录一

正态分布概率表

正态分布概率表

t	F（t）	t	F（t）	t	F（t）	t	F（t）
0.00	0.0000	0.41	0.3182	0.82	0.5878	1.23	0.7813
0.01	0.0080	0.42	0.3255	0.83	0.5935	1.24	0.7850
0.02	0.0160	0.43	0.3328	0.84	0.5991	1.25	0.7887
0.03	0.0239	0.44	0.3401	0.85	0.6047	1.26	0.7923
0.04	0.0319	0.45	0.3473	0.86	0.6102	1.27	0.7959
0.05	0.0399	0.46	0.3545	0.87	0.6157	1.28	0.7995
0.06	0.0478	0.47	0.3616	0.88	0.6211	1.29	0.8030
0.07	0.0558	0.48	0.3688	0.89	0.6265	1.30	0.8064
0.08	0.0638	0.49	0.3759	0.90	0.6319	1.31	0.8098
0.09	0.0717	0.50	0.3829	0.91	0.6372	1.32	0.8130
0.10	0.0797	0.51	0.3899	0.92	0.6424	1.33	0.8165
0.11	0.0876	0.52	0.3969	0.93	0.6476	1.34	0.8198
0.12	0.0955	0.53	0.4039	0.94	0.6528	1.35	0.8230
0.13	0.1034	0.54	0.4108	0.95	0.6579	1.36	0.8262
0.14	0.1113	0.55	0.4177	0.96	0.6629	1.37	0.8293
0.15	0.1192	0.56	0.4245	0.97	0.6680	1.38	0.8324
0.16	0.1271	0.57	0.4313	0.98	0.6729	1.39	0.8255
0.17	0.1350	0.58	0.4381	0.99	0.6778	1.40	0.8385
0.18	0.1428	0.59	0.4448	1.00	0.6827	1.41	0.8415
0.19	0.1507	0.60	0.4515	1.01	0.6875	1.42	0.8444
0.20	0.1585	0.61	0.4581	1.02	0.6923	1.43	0.8473
0.21	0.1663	0.62	0.4647	1.03	0.6970	1.44	0.8501
0.22	0.1741	0.63	0.4713	1.04	0.7017	1.45	0.8529
0.23	0.1819	0.64	0.4778	1.05	0.7063	1.46	0.8557
0.24	0.1897	0.65	0.4843	1.06	0.7109	1.47	0.8584
0.25	0.1974	0.66	0.4907	1.07	0.7154	1.48	0.8611
0.26	0.2051	0.67	0.4971	1.08	0.7199	1.49	0.8638
0.27	0.2128	0.68	0.5035	1.09	0.7243	1.50	0.8664
0.28	0.2205	0.69	0.5098	1.10	0.7287	1.51	0.8690
0.29	0.2282	0.70	0.5161	1.11	0.7330	1.52	0.8715
0.30	0.2358	0.71	0.5223	1.12	0.7373	1.53	0.8740
0.31	0.2434	0.72	0.5285	1.13	0.7415	1.54	0.8764
0.32	0.2510	0.73	0.5346	1.14	0.7457	1.55	0.8789
0.33	0.2586	0.74	0.5407	1.15	0.7499	1.56	0.8812
0.34	0.2661	0.75	0.5467	1.16	0.7540	1.57	0.8836
0.35	0.2737	0.76	0.5527	1.17	0.7580	1.58	0.8859
0.36	0.2812	0.77	0.5587	1.18	0.7620	1.59	0.8882
0.37	0.2886	0.78	0.5646	1.19	0.7660	1.60	0.8904
0.38	0.2961	0.79	0.5705	1.20	0.7699	1.61	0.8926
0.39	0.3035	0.80	0.5763	1.21	0.7737	1.62	0.8948
0.40	0.3108	0.81	0.5821	1.22	0.7775	1.63	0.8969

续表

t	F (t)	t	F (t)	t	F (t)	t	F (t)
1.64	0.8990	1.88	0.9399	2.24	0.9749	2.72	0.9935
1.65	0.9011	1.89	0.9412	2.26	0.9762	2.74	0.9939
1.66	0.9031	1.90	0.9426	2.28	0.9774	2.76	0.9942
1.67	0.9051	1.91	0.9439	2.30	0.9786	2.78	0.9946
1.68	0.9070	1.92	0.9451	2.32	0.9797	2.80	0.9949
1.69	0.9090	1.93	0.9464	2.34	0.9807	2.82	0.9952
1.70	0.9109	1.94	0.9476	2.36	0.9817	2.84	0.9955
1.71	0.9127	1.95	0.9488	2.38	0.9827	2.86	0.9958
1.72	0.9146	1.96	0.9500	2.40	0.9836	2.88	0.9960
1.73	0.9164	1.97	0.9512	2.42	0.9845	2.90	0.9962
1.74	0.9181	1.98	0.9523	2.44	0.9853	2.92	0.9965
1.75	0.9199	1.99	0.9534	2.46	0.9861	2.94	0.9967
1.76	0.9216	2.00	0.9545	2.48	0.9869	2.96	0.9969
1.77	0.9233	2.02	0.9566	2.50	0.9876	2.98	0.9971
1.78	0.9249	2.04	0.9587	2.52	0.9883	3.00	0.9973
1.79	0.9265	2.06	0.9606	2.54	0.9889	3.20	0.9986
1.80	0.9281	2.08	0.9625	2.56	0.9895	3.40	0.9993
1.81	0.9297	2.10	0.9643	2.58	0.9901	3.60	0.99968
1.82	0.9312	2.12	0.9660	2.60	0.9907	3.80	0.99986
1.83	0.9328	2.14	0.9676	2.62	0.9912	4.00	0.99994
1.84	0.9342	2.16	0.9692	2.64	0.9917	4.50	0.999993
1.85	0.9357	2.18	0.9707	2.66	0.9922	5.00	0.999999
1.86	0.9371	2.20	0.9722	2.68	0.9926		
1.87	0.9385	2.22	0.9736	2.70	0.9931		

附录二

随机数字表

随机数字表

0347437386	3696473661	4698637162	3326168045	6011141095
9774246762	4281145720	4253323732	2707360751	2451798973
1676622766	5650267107	3290797853	1355385859	8897541410
1256859926	9696682731	0503729315	5712101421	8826498176
5559563564	3854824622	3162430990	0618443253	2383013030
1622779439	4954435482	1737932378	8735209643	8426349164
8442531731	6724550688	7704744767	2176335025	8392120676
6301637859	1695556719	9810507175	1286735807	4439523879
3321123429	7864560782	5242074438	1551001342	9966027954
5760863244	0947279654	4917460962	9052847727	0802734328
1818079245	4417165809	7983864962	0676500310	5523640505
2662389775	8416074499	8311463224	2014858845	1093728871
2342406474	8297777781	0745321408	3298940772	9385791075
5236281995	5092261197	0056763138	8022025353	8660420453
3785943512	8339500830	4234079688	5442068798	3585294839
7029171213	4033203826	1389510374	1776371304	0774211930
5662183735	9683508775	9712259347	7033240354	9777464480
9949572277	8842954572	1664361600	0443186679	9477242190
1608150472	3327143409	4559346849	1272073445	9927729514
3116933243	5027898719	2015370049	5285666044	3868881180
6834301370	5574307740	4422788426	0433450952	6807970657
7457256576	5929976860	7191386754	1858182478	1554559552
2742378653	4855906572	9657693610	9646924245	9760490491
0039682961	6637322030	7784570329	1045650426	1104966724
2994989424	6849691082	5375919330	3425205727	4048735192
1690826659	8362641112	6719007174	6047212968	0202370331
1127947506	0609197466	0294373402	7670903086	3845943038
3524101620	3332512638	7978450491	1692535616	0275509598
3323163638	4238970150	8775668141	4001749162	4851840832
3196259147	9644334913	3485825391	0052434885	2755268962
6667406714	6405719586	1105650968	7683203790	5716001166
1490844511	7573880590	5227411486	2298122208	0752749580

续表

6805511800	3396027519	0760629355	5933824390	4937384459
2046787390	9751401402	0402333103	3954164936	4795931330
6419589779	1506159320	0190107506	4078788962	0267741733
0526937060	2235851513	9203515977	5958780683	5291057074
0797108823	0998429964	6171629915	0651291693	5805770951
6871868585	5587664754	7332081112	4495926318	2956242948
2999616553	5837788070	4210506742	3247558574	9444671394
1465526875	8759362241	2678630655	1308270150	1529393948
1753775871	7141615072	1241949626	4495273699	0296743083
9026592119	2352233312	9693021839	0702183607	2599327023
4123525599	3104496996	1047484588	1341428920	9717144917
6020508169	3199736868	3581330876	2430124860	1899107234
9125380590	9458284136	4537590309	9035572912	8262546560
3450577437	9880330091	0977931982	7494800404	4507316643
8522043943	7381539479	3362468628	0831544631	5394133847
0979137748	7382972221	0503272483	7289440260	3580399488
8875801814	2295754249	3932822249	0248077037	1604616787
9096237000	3900030690	5585783836	9437306932	9089007633
5374239967	6132286984	9462678624	9833411995	4753583809
6338068654	0900652694	0283902307	7962678060	7591128119
3530582145	0672171094	2521317596	4928240049	5565797307
6343368269	6551183783	6138441245	3292858865	5434818535
9825375526	0191828146	7471129497	2402713707	0392186675
0263211769	7150808956	3815701148	4340458693	0033569103
6455222189	4822280600	6154134391	8278122329	0666241227
8507261389	0110078204	5963693603	6911158380	1329541928
5854162415	5154448200	6261650469	3818651897	8572134921
3485278487	6148645526	9018481326	3770154257	6565803907
0392182748	5799169656	3033728522	8464385698	9901309864
6293302759	3775416648	8697906145	2353040162	4576086427
0845931522	6021754691	9877278542	2888610884	6962034273
0708551340	4544751390	2494966102	5755663315	7342371161
0185899566	5110193488	1584971975	1276394378	6463910825
7284711435	1911584926	5011171776	8631572018	9560784675
8878281684	1352539453	7545693096	7389657031	9917434376
4517756557	2840197212	2512747567	6040608119	2462016116
9676281254	2201119425	7196161688	6864367445	1959508892
4331677230	2402940863	3832366602	6936382539	4503451522
5014664421	6606580562	6815543502	4235489932	1452415243
2266221585	2663754199	5842367224	5837521851	0337183911
9624401451	2322308857	9567472983	9469400607	1816367886
3173916119	6020729348	9857072309	3595398958	5680301644
7860739984	4389943645	5669470741	9022910712	7335340872

续表

8437906156	7010239805	8411347660	7648453490	0161183996
3667100823	9893350886	9929762981	3334915893	6814523252
0728590748	3964588975	8385652789	3014785627	3663598002
1015833760	7924316656	2148240693	9198940549	0147593800
5519689765	0373521656	0053559027	3342293887	2213883434
5381291339	3501207134	6233748214	5373190903	5654295693
5186326892	3398746699	4014719458	4594193881	1411998107
3591702913	8003540727	9694783266	5095527433	1880556254
3771679594	2002449594	6485040572	0132907614	5589746041
9366138327	9279646472	2854965384	4814529894	5607938930
0296084565	1305004184	9307547259	2145570977	1943562744
4983424835	8288336996	7236041976	4845151860	8211039507
8460716246	4080813037	3439230538	2515357130	8812572177
1817308871	4491148847	8923306315	5634204789	9982932498
7969106178	7132769562	8700225840	9254017525	4311719931
7593365783	5620148211	7421979065	9642686386	7454132694
3830922903	0628813928	6225068463	6129089367	0482920809
5129501034	3157759580	5197027477	7615484944	1855637709
2131388624	3779815374	7324161033	5283909476	7047145436
2901238788	5802393767	4210142092	1655234245	5496091106
9533952200	1874720018	3879586932	8176802692	8280842539
9084607980	2436598738	8207538935	9635237918	0598900735
4640629832	5497205695	1574800832	1646705080	6772164279
2031890348	3846826872	3214829970	8060471897	6849302130
7159730550	0822237177	9101932049	8296592694	6639679360